Karo

GÜTERSLOHER
VERLAGSHAUS

Entdecken Sie mehr auf
www.gtvh.de

HOLGER WITZEL

GIB WESSIS EINE CHANCE

NEUE
BEITRÄGE
ZUR VÖLKER-
VERSTÄNDIGUNG

GÜTERSLOHER VERLAGSHAUS

**Für Ludger,
meinen zweitbesten Freund.**

Inhalt

Statt eines Vorworts – »Spalter! Hetzer! Zonenlümmel!«   **7**

Betroffenes Jaulen – ein Wespennest   **13**

Die Grenze der Fiktion – eine Fernseh-Kritik   **18**

Schwiemelei und Gauckelei – eine Farce   **23**

»Arschlochfreie Zone« – eine böse Ahnung   **29**

»Verkorkste Wiedervereinigung« – eine Stellenbeschreibung   **34**

Schreibtischtäter wie ich – eine Selbstkritik   **39**

Coaching auf der Couch – ein Gespräch   **45**

Neue Länder, alte Mauern – eine Ausschreibung   **54**

Rotkäppchen und andere Märchen – ein Einkaufsbummel   **60**

Ihr könnt ihn behalten! – eine Egalitätserklärung   **66**

Thüringer Schläfer, hessische Penner – ein Verfassungsschutzbericht   **71**

Erikas Larve – ein Maskenball   **77**

Versorger oder Besorger – ein Plädoyer   **81**

Werden Sie Ex-Bürgerrechtler! – eine Berufsberatung   **87**

Das Lafontaine-Paradoxon – ein Irrtum **92**

Schlamperei und Schlendrian – kein Wunder **97**

Was denn nun: Herd oder Quote? – ein Backslash **102**

»Rügen scheißt auf Sylt« – eine Ermutigung **107**

Hier spielt die Musik – ein Soundcheck **112**

Der Letzte macht das Licht aus – ein Trend **118**

Goethes Erben – ein Rückblick **123**

Bitte wieder mehr Westpakete! – eine Hilfsaktion **128**

Striptease bei *Kaiser's* – eine Aufgabe **134**

Szenen einer Ehe – eine Paaranalyse **140**

Fälscher, Blender, Schwindel-Westler – eine Evaluierung **146**

Schnauze Ossi! – eine Ausnahme **152**

Barbaren in Barbour-Jacken – ein Armutszeugnis **156**

Wehret den Anfängen: CDU-Verbot jetzt! – ein Antrag **162**

Das Maß aller Dinge – eine Maßnahme **168**

Die Braune Banane 2012 – eine Auszeichnung **174**

»Die Neger der Nation« – eine Erleuchtung **180**

Der Feind in mir – ein Schlussstrich **186**

Statt eines Vorworts

»Spalter! Hetzer! Zonenlümmel!«

Seit 2009 wird zurückgepöbelt. Obwohl die Überschrift *Schnauze Wessi* leicht verständlich war, schrieb die Zielgruppe E-Mails, Kommentare und beschwerte sich sogar beim Presserat. Orthografie und Niveau waren dabei nicht immer Argumente für 13 Jahre bis zum Abitur. Manche behaupten sogar voller Wut – quod erat demonstrandum –, der Ost-West-Konflikt sei kein Thema mehr. Als kleines Dankeschön – unkorrigiert, nur etwas gekürzt und rücksichtsvoll anonymisiert – eine kleine Auswahl:

Administrator (10.11.2009, 15:01 Uhr): Liebe User, wir freuen uns, wenn Sie eine kontroverse Debatte führen. Aber bitte sachlich.

endXXX: Wollt ihr den Zaun wieder? Kein Problem. Ich spende gerne ein paar Euro und hänge auch noch ein Wochenende Arbeitskraft mit dran ...

auwXXX: wenn das Gros der Ossis die Wende zu mehr genützt hätte als für würdeloses Heranschmeißen an Bananen, Kohl und Währungseinheit, hätte sich der Westen vielleicht nicht derart dämlich als Sieger aufspielen können.

HarXXX: Wenn alles so schön war, dann zieh doch nach Nordkorea!

LarXXX: Der Westen tut immer noch so, als hätte er den Osten geschluckt, dabei hat der Osten uns geschluckt und wir haben es nicht mal gemerkt ...

HomXXX: Wenn noch ein Mindestmaß von Sachlichkeit bei Ihnen besteht, würde ich die »Kolumne« ganz schnell vom Netz nehmen.

DirXXX: Tagsüber verstopfen Ostler die Straßen und nehmen Parkplätze in Beschlag ... drängen sich überall in den Vordergrund, sei es Sport oder im Medienbereich ... Für mich ist es auch merkwürdig, dass eine Frau aus dem Osten so kurze Zeit nach der Wende Bundeskanzlerin werden kann ...

NikXXX: Mann sollte als Westdeutscher endlich mal begreifen, dass wir für alles, aber auch wirklich alles bezahlen müssen. Das ist uns sozusagen auf die Stirn tätowiert. Sei ein guter Mensch, toleriere alles, bezahle für alles und lass dich noch dafür von Hinz, Kunz und Ali beschimpfen.

InsXXX: Der *Stern* geht in seiner links68er-gutmenschlicher Besserwisserei einem Leipziger Provokateur auf den Leim und schürt so weiter einen verbalen Bürgerkrieg ... wogegen jeder der von deutsche Nation und Autobahn spricht gleich als Neonazi an den Pranger gestellt wird.

LogXXX: Jetzt mal im Ernst: Der Westen hat doch das beste System.

n8gXXX: Spaltern keine Chance!!!

EsoXXX: unsinn, es gibt keinen ost west konflikt mehr, es gibt auch kein unterschiedliches denken.

eltXXX: Den Menschen im Osten muss endlich klar gemacht werden: wir, der Westen hat Millionen Ostdeutsche durch unsere Arbeit die Einheit erst möglich gemacht.

tatXXX: Ich habe von 1990-1991 in der ehemaligen DDR Aufbauarbeit für ein westdeutsches Familienunternehmen geleistet. In einer Stadt nahe Leipzig wurde ein Unternehmen (Produktionsbetrieb) auf der grünen Wiese errichtet. Mit 50% Fördermittel (ca. 7,5 Mio. DM) vom Staat. 25 Arbeitsplätze wurden geschaffen mit geringerem Gehalt, weniger Urlaub. 4 Jahre später wurde der rheinische Mutterbetrieb geschlossen und veräußert. Nahezu 50 Arbeitsplätze gingen dadurch verloren. Ich habe einige nette Ossis kennen gelernt, die meisten waren aber vom Stamme Nimm.

JenXXX: Witzel, Sie dummer, dummer Mensch.

mariXXX: Im Gegensatz zu mir Wessi konnten sich die Insassen der Zone wenigstens für eine Wiedervereinigung entscheiden ... Für mich persönlich war die DDR weit mehr Ausland als die Nachbarstaaten im Westen. ... Viele meiner Generation wollten nicht zwangsvereinigt werden und wurden von der Kriegsgeneration dazu vergewaltigt!

rapXXX: ihre vermeintliche provokation ist dämlich, weil definitiv nicht einheitsfördernd.

SprXXX: ... dann erkennt man das Gedankengut dieses Hetzers.

SinXXX: Ich jedenfalls habe jetzt an den Presserat geschrieben, weil ich diese Manipulation einer großen Zeitung nicht länger für Hinnehmbar halte.

CleXXX: immer wenn ich mich ganz besonders über eine Artikel im *stern* ärgere, ist er von Holger Witzel.

StiXXX: Ist es denn ein Wunder, dass es bei uns wie in der DDR zugeht? Schließlich regieren ehemalige DDR-Bürger unser Land.

triXXX: Der Laden ist längst wieder vor 89 angekommen und die Wessis, die sich bestimmt nicht darum beworben hatten, mit dummen Ossis zusammenzuleben, müssen das jetzt leider über sich ergehen lassen!

MarXXX: Vielleicht sollte Witzel die Kalaschnikows seiner Bekannten lieber gegen sich selbst richten ...

AquXXX: Unbelehrbare Ossis

LogXXX: Letztlich wurde dieses seltsame Konstrukt dem echten Deutschland angeschlossen und die dortigen Bürger, die zur Konkursmasse gehörten, sollten sich auch so verhalten. Alles andere ist ganz schön dreist, aber typisch für Zonen-Deutsche: gib ihnen den kleinen Finger ...

DemXXX: So ein gehässiger, undankbarer Zonen-Lümmel! Er sollte sich lieber mal rasieren!

SterXXX: Volksverhetzer ...

madXXX: West-Frauen sind und waren immer schon intelligenter.

ThoXXX: In den neuen Bundesländern gibt es kaum Winterschäden auf Bundesstraßen wobei wir hier bald in den Schlaglöchern versinken.

H., Inhaber eines Krefelder Reisebüros: ... was Ihnen zum Thema Urlaub im Robinson Club (siehe *Schnauze Wessi: Das Robinson-Regime*) einfällt, sorry, das bezeichne ich als krank. ... den Wert des Urlaubs in die Lächerlichkeit ziehen ... im allerhöchsten Maße unanständig!

GerXXX: In der DDR zum Hassen erzogen, kann er das jetzt ausleben!

2009–2012

> *»Geschichte entsteht aus der Interaktion derer,
> die Territorien, Natur und andere Menschen erobern müssen,
> um sich selbst zu bewahren,
> und denen, die an falschen Göttern hängen,
> um sich ihren Zusammenhalt zu sichern.«*
> Arno Gruen

Betroffenes Jaulen

Dafür, dass es angeblich kein Thema mehr ist, gab es nach den ersten Kolumnen erschütternd viel Post. Wenn der Ost-West-Konflikt einen Bart hätte, müsste sich niemand über den des Autors aufregen. Ein Wespennest.

Sicher war das viel verlangt nach mehr als 20 Jahren andersrum, aber eigentlich hatte ich mich extra klar ausgedrückt: *Schnauze Wessi sta*nd da, nicht etwa: Gib wie üblich deinen Senf dazu; schreib einen Leserbrief, dem Verlag, dem Presserat! Trotzdem können manche nicht anders: Er »soll doch seine DDR wiederhaben«, rieten viele, selbst die unrasierte Schnauze halten oder gleich »nach Nordkorea gehen«. Dabei kennen sie weder das eine noch das andere Land – ja, nicht mal mich. Woher kommt dieser Frust?

Nachdem auch immer der Vorwurf der Undankbarkeit mitschwingt, möchte ich mich zunächst in aller

Form für die vielen Reaktionen bedanken, vor allem natürlich für die schwer beleidigten aus dem Westen. Dass es nach wie vor so einfach ist, hätte ich nicht erwartet. Die Reflexe funktionieren, getroffene – und bitte, das ist jetzt nur so eine gesamtdeutsche Redensart – Hunde bellen. Einige wollen sogar bemerkt haben, dass hier womöglich »absichtlich provoziert« wird, »übertrieben und zugespitzt«. Das hat mich nachdenklich gemacht: Unterschätzen wir Westdeutsche etwa immer noch? Haben sie mehr Sinn für die Dinge zwischen den Zeilen, als sie sich sonst anmerken lassen? Natürlich werde ich mich trotzdem nicht mit billiger Ironie rausreden oder irgendwas zurücknehmen, im Gegenteil: Ich fürchte sogar, man muss das alles noch klippschulmäßiger angehen. Es ist zwar eine Schande nach zwei Jahrzehnten geheuchelter Anteilnahme, aber vielleicht können so, neben den unvermeidlichen, doch ein paar Missverständnisse ausgeräumt werden. Deshalb – auch wenn es schwer fällt, ihren belehrenden Ton zu imitieren – heute ein paar Merksätze für ewig gestrige Westler:

1. Die DDR gibt es nicht mehr. Man kann sie also auch nicht »wiederhaben wollen«. Wir haben sie selbst abgeschafft, und ich persönlich bin jeden Tag dankbar dafür – nur sicher nicht irgendwelchen Leuten aus Recklinghausen.

2. Das Gleiche gilt für die BRD von 1989 und die möglicherweise noch schönere Zeit davor. Diese Erkenntnis

sollte sich langsam auch in den abgenutzten Bundesländern durchsetzen: Es war – und ist – auch dort nicht alles gut.

3. Niemand vermisst eine Diktatur, bloß weil ihm heute einiges ähnlich vorkommt. Immerhin haben wir die Legende von freiem Sex gegen die Legende der freien Marktwirtschaft getauscht. Freiwillig. Und wenn schon nicht jeder auf Anhieb sagen kann, wie viel davon Selbstbetrug war, wird man ja wohl mal fragen dürfen: War es das wert?

4. Dass man alles ändern kann, was für immer zu gelten schien, ist eine berauschende Erfahrung. Gleichwohl muss niemand neidisch sein, wenn seine Biografie nur durch die Umstellung von *Raider* auf *Twix* erschüttert wurde. So ein Systemwechsel ist anstrengend und ernüchternd. Es sei euch von Herzen gegönnt und die Zeichen der Zeit stehen nicht so schlecht, Ähnliches erleben zu dürfen. Allerdings gehören auch ein wenig Mut und gegebenenfalls der Verlust von Arbeitsplatz, Häuschen und Selbstheit dazu.

5. Wenn wir das Personalpronomen »wir« benutzen, ist das nicht die dritte Person Mehrzahl der Verlierer, sondern meint lediglich: nicht ihr. Die Identifikation mit einer nicht mal besonders homogenen Gruppe ist kein Relikt sozialistischer Gleichmacherei, wie zahlreiche DDR-Experten unter euch vermuten, sondern entwi-

ckelte sich erst danach. Manche schieben das auf eine gewisse Stigmatisierung im Einigungsprozess. Bei anderen (mich eingeschlossen) war es einfacher: Wir wollten einfach nicht so sein wie die meisten von euch – oder gaben es nach kläglichen Versuchen wieder auf.

6. Deshalb rasiere ich mich auch nicht so oft, weil ich auf den Beschiss mit den Rasierklingen-Packungen nicht hereinfalle, die bei gleichem Preis immer weniger werden. Außerdem – wenn es schon auf Äußerlichkeiten ankommt – braucht auch dieses Land wieder ein paar bärtige Bürgerrechtler, seit sich Wolfgang Thierse vom demokratischen Getue im Bundestag einseifen ließ, während dort immer neue Überwachungsmaßnahmen beschlossen werden, von denen nicht einmal die Staatssicherheit träumte.

7. Das mit dem »Soli« – wer ihn bezahlt, wo er am Ende immer wieder landet und warum auch Ost-Renten kein Grund zur Aufregung sind – erkläre ich euch ein anderes mal.

Nur eins noch für heute, weil es einen wirklich konstruktiven Vorschlag aus der eigenen Redaktion betrifft. Ein Hamburger Kollege, sonst genauso taktvoll und zurückhaltend, wie man sie kennt, schlug vor, wir – also wir! – sollten doch auch wieder da Urlaub machen, wo wir schon vor 25 Jahren waren, »sodass wir uns wenigstens in der schönsten Zeit des Jahres nicht wechselseitig auf den Keks gehen.« Schön wäre das, da hat er recht. Es ist nur so, dass wir nach wie vor gern an die Ostsee fahren. Leider trifft man dort fast nur noch Hamburger, die den Darß, Rügen und – seit die unselige Autobahn 20 fertig ist – sogar Usedom Jahr für Jahr mehr versylten.

Wenn wir uns also darauf einigen könnten, dass uns die ostdeutsche Ostsee bleibt, verzichten wir gern auf den Bayerischen Wald. Wäre das nicht ein neuer Anfang für die deutsch-deutschen Beziehungen, gewissermaßen Wandel ohne Annäherung? Es soll jetzt nicht zu versöhnlich klingen, aber unter diesen Umständen würde ich Westdeutschen sogar noch eine zweite Chance geben. Ansonsten, nun ja: Siehe *Schnauze Wessi,* Teil 1.

> »Hartz IV nennt Inge die jüngste Totalmobilmachung,
> die angeblich jeder fürchten muss,
> der sich nicht freiwillig im Westen meldet.«
> Hans Waal, Die Nachhut

Die Grenze der Fiktion

Der TV-Zweiteiler *Die Grenze* gab vor, ein Spielfilm zu sein. In Wahrheit ist westdeutschen Filmemachern ein feinfühliger Dokumentarfilm über Zonen-Zorn gelungen – eine Fernseh-Kritik.

Gut, dachte ich nach den schlechten Kritiken vorab, das kommt eben raus, wenn Schwaben und Hessen die Auferstehung der DDR inszenieren. Vor allem schade um die wirklich gute Idee, mit der das »TV-Event« warb: »Was wäre, wenn Deutschland wieder gespalten würde?« Immerhin hat diese Kolumne fast den gleichen Anspruch – einmal abgesehen davon, dass die Spaltung keine Frage des Konjunktivs ist.

Dann aber hat mich *Die Grenze* doch überzeugt: Es lag nicht nur an den geschliffenen Dialogen (»Verräter werden gewöhnlich per Genickschuss hingerichtet.«), an dem überraschenden Spiel mit Klischees (demagogische

Nazis, trinkende Linke, skrupellose Politiker), sondern auch an dem selten vielschichtigen Umgang mit ostdeutschen Eigenarten. Denn nicht alle Mecklenburger, da differenzierte der Film besonders sorgfältig, sind ewig gestrige Neonazis – die andere Hälfte sind ewig gestrige DDR-Jammerlappen. Nicht alle trinken immer nur Bier, auch das wird in mehreren Szenen sauber herausgearbeitet – manchmal ist es auch Schnaps.

Diese Westdeutschen, das muss man neidlos zugestehen, haben es einfach drauf, wenn es um das *»Leben der anderen«* geht. Ob Filmemacher, Wissenschaftler oder Journalisten: Sie können uns nicht nur unsere Vergangenheit besser erklären als wir selbst, sie schauen auch in der Gegenwart genau hin. Nur eins habe ich nicht verstanden: Was soll an diesem SAT.1-Film Fiktion gewesen sein – außer dass alle ständig N24 gucken? Gar nicht zu reden von der »Provokation«, die Produzent Nico Hofmann vorher versprochen hatte?

Tatsächlich zeigt *Die Grenze* nichts als nackte Realität. Das mag zwar ein bewährter Trick für schlechte Thriller sein, der Grusel des Gewöhnlichen, diese diffusen Ängste vor Benzinpreisen und Ost-Pöbel. Aber so einfach macht es sich dieser Zweiteiler nicht. Schonungslos bildet er stattdessen die Instinkte des Einheimischen ab: Fleisch und Bier. Frust und Hartz IV. Bei jeder Gelegenheit wird erst mal ein feierliches Gelöbnis gesprochen, egal auf welche Fahne. Ob er plündert oder säuft, mordet oder foltert – nichts Menschliches ist dem Ostdeutschen fremd. Die besten Randale-Szenen sind ohnehin echte Fernsehbilder, aber auch das schmälert die Leistung der Films nicht – im Gegenteil: Das ist Alltag hierzulande.

Zwei Tage vor der Erstausstrahlung wurde ein NPD-Mann in Weimar krankenhausreif geschlagen. Seine politischen Gegner beklagen ähnliche Opfer beinahe täglich. Natürlich reicht das Geld in diesen Bürgerkriegsgegenden nicht immer für frisches Obst oder Augen-Operationen in bayerischen Privatkliniken. Das überrascht in Rostock niemanden, ebenso wenig wie die Tatsache, dass rechte Verführer auch mal Leinenhemden tragen, sich gern an unsere Kinder ranmachen und in aller Regel aus dem Westen stammen. Ein neues Bundesland – im Film Mecklenburg-Vorpommern – wird aus politischem Kalkül und wirtschaftlichen Interessen zu einem Billiglohnland der restlichen Republik. Ja, und? In Wahrheit gibt es davon sogar fünf – und das seit 20 Jahren.

Bei allem Lob für den authentischen Film bleiben natürlich auch Fragen: Wozu braucht man Helden wie Benno Fürmann oder Marie Bäumer, die in Rostock ihre verkorksten West-Biografien zwischen brennenden Autos aufarbeiten? Nur um zu zeigen, dass Ost-West-Beziehungen meist am Egoismus einer Hälfte scheitern? Für ein Happy End, das – hier verlassen die Filmemacher leider die subtile Ebene – aus der Flucht in den heilen Westen besteht? Wieso hat man nicht wenigstens Vroni Ferres genommen, die sonst so überzeugend aufrechte Ost-Frauen spielt? Warum – vor allem – muss man so einen feinen Dokumentarfilm im Anschluss unbedingt durch ein Fernsehspiel entwerten, das wiederum so tut, als sei es eine Dokumentation?

In der nachfolgenden Sendung *Die Grenze – Gefahr für unser Land* erklären Journalisten zunächst ausführlich, wie gefährlich solche Reportagen in Beirut, Kundus oder Sachsen-Anhalt sind. Vermutlich liegt das daran, dass die Autoren bisher nur harmlose DDR-Dokus wie Busen, Broiler und Bananen gedreht oder früher beim FDJ-Fernsehen gearbeitet haben. Nun wagen es diese Teufelskerle doch tatsächlich, steigen in einen weißen Van und filmen eine Handvoll Laiendarsteller, die Nazis spielen, Bier trinken und in Budapest Hitler grüßen! Nach Teil Zwei warnt gar der DDR-Experte Axel Schulz den Rechtsextremismus-Experten Johannes-B.-»Autobahn-geht-gar-nicht«-Kerner, »dass det wirklich passieren kann«. Was er meint, ist nicht etwa so einen Film oder seine Karriere vom Berufssoldaten der DDR zum RTL-Rummelboxer – sondern der innerdeutsche Bürgerkrieg.

Sein Wort in Gysis Ohr! Sozialismus mit Westgeld und ein bisschen Randale – mehr wollten wir eigentlich nie. Und genau davor haben offenbar auch die Kritiker Angst, die dieses filmische Manifest nun in den Schmutz ziehen. So mäkelt etwa der *Spiegel* über die »Ausschüttung simpler Reize«, aber findet es eine tolle Idee, wie die CDU-Kanzlerin den Kandidaten der Linken heimlich mit Geld und Geheimdiensten unterstützt. Als hätte es nicht schon früher Milliardenkredite gegeben –

und ähnliche Ränkespiele heute! Neben Apple – so sah es zumindest aus – und einer westdeutschen Yoghurt-Firma hat auch Mecklenburg-Vorpommern den Film mit 160.000 Euro gefördert. Nun fühlen sich dort ein paar Politiker (vermutlich wie überall im Osten keine Eingeborenen) durch den Kakao gezogen, den sie selbst bestellt haben. Nicht mal die *TAZ* hält viel von der »Sozialistischen Republik Mecklenburg-Vorpommern« und fühlt sich für »dumm verkauft wie selten«. Was sollen da erst die echten Leute in Mecklenburg-Vorpommern sagen?

Also Obacht! Ich selbst kenne mindestens sechs persönlich, die nur darauf warten, ihre alte Kalaschnikow vom Dachboden zu holen und »Verräter gewöhnlich«, wie es im Film heißt, »per Genickschuss hinrichten«. Alle anderen – auch die westdeutschen Konterrevolutionäre, die mit uns den friedlichen Umsturz 1989 korrigieren – bekommen natürlich eine zweite Chance.

März 2010

*»'s ist besser, sehr betrogen sein,
als nur ein wenig wissen.«*
William Shakespeare, Othello

Schwiemelei und Gauckelei

Ob im Bundestag oder in Bundesversammlungen – immer wieder bescheren Ostdeutsche der Politik selten wahrhaftige Momente. Schade nur, dass sich Joachim Gauck als Präsidenten-Kandidat zum Othello machen ließ. Eine Farce.

Genau fünf Jahre ist es jetzt her, dass der sächsische Abgeordnete Werner Schulz dem Bundestag »ein Stück Volkskammer« bescheinigte. Und das war noch mild formuliert, nachdem die Partei- und Staatsführung ihre rot-grünen Blockflöten mehr als weniger offen dazu aufgerufen hatte, bei der sogenannten Vertrauensfrage gegen Überzeugung, Gewissen und den Auftrag ihrer Wähler zu stimmen. Der vermutlich letzte und in den eigenen Augen größte SPD-Kanzler aller Zeiten glaubte damals noch, seine Macht durch Neuwahlen retten zu können und konnte sich immerhin auf das Misstrauen seiner Vertrauten verlassen: Wie bestellt enthielten sich

148 Abgeordnete, deren Namen ich mir seinerzeit sofort ausgedruckt habe, damit ich sie nie wieder aus Versehen wähle. Manche schämten sich vielleicht ein wenig, aber nur Werner Schulz aus Zwickau, der aufrechte Rest Bündnis 90 bei den Grünen, wollte den Misstrauens-Schwindel nicht stillschweigend hinnehmen. Er nannte es eine »verschwiemelte Operation«, klagte vergeblich dagegen vor dem Bundesverfassungsgericht und wurde schließlich im Europaparlament entsorgt, wo man seitdem nicht mehr viel von ihm hört.

Tatsächlich hat Schulz seinerzeit nicht nur das treffendste Adjektiv in die bundesdeutsche Politik eingeführt, sondern auch die Ehre aller Ingenieure, Pfarrer und anderen Seiteneinsteiger gerettet, die sich 1989 etwas anderes vorgestellt hatten – zumindest die anständigen. Als Querulant wurde er dafür hingestellt, auch von vielen Journalisten, ein ewiger Bürgerrechtler eben – zu ehrlich, zu selbstgerecht, zu naiv. So etwas mögen sie alle nicht in dieser verschwiemelten Branche: einen, der eine Farce auch mal eine Farce nennt. Wie zu finstersten DDR-Zeiten war deshalb die Diagnose schuld, nicht die Krankheit. Maul halten, nicken, Parteidisziplin. »Unsäglich« fanden alte West-Grüne vor allem den Vergleich mit der Volkskammer. Wenigstens, so der scheinheilige Vorwurf, könne Schulz ja heute seine Meinung frei äußern, aber doch bitte nicht so! Nur wie, sagte niemand. Nicht so laut?

Inzwischen weiß jeder, dass der Vergleich gar nicht so weit hergeholt war. Die verschwiemelte Aktion sorgte wenig später für eine Nationale Front der großen Blockparteien, wie sie auch die Volksammer dominierte. Eine FDJ-Funktionärin sitzt seitdem im Kanzleramt und die SED wieder in Kompaniestärke im Parlament. Verschwiemelte Wahlversprechen, verschwiemelte Reförmchen, verschwiemelte Sozialstaatsfantasien auf Pump erinnern täglich an die letzten Zuckungen der bankrotten DDR. Verkohlt. Verschrödert. Vermerkelt. Verschwiemelt! Einfacher kann man selbst Westdeutschen nicht erklären, was Ostdeutschen seit Jahren so vertraut vorkommt. Und dazu sollte nun ausgerechnet Joachim Gauck seinen Segen geben? Als Maskottchen der Demokratie? So wie sich BP derzeit vielleicht gern mit einem Greenpeace-Aktivisten im Aufsichtsrat schmücken würde?

Es war von Anfang an ein geschmackloser Scherz, den ehemaligen Stasibeauftragten als chancenlosen Gegenkandidaten aufzustellen. Gerade weil es keine bessere Biografie gegeben hätte. Gerade weil er es verdient hätte – oder besser gesagt: dieses seltsame Amt einen wie ihn. Oft genug hat er in den vergangenen 20 Jahren über das verschwiemelte Leben in einer erstarrten Gesellschaft gesprochen. Viele Sätze über die DDR hätte er eins zu eins in seine erste »Ruck«-Rede einbauen können. »Ein vormodernes Partizipationsmodell sichert die Herrschaft der Mächtigen« wäre so ein passendes Modul gewesen – oder das, was Gauck das »Angst-Anpassungssyndrom« nennt und das seit Hartz VI auch viele Westdeutsche kennen. Mit seinen Erfahrungen hätte er ihnen Mut machen können, sich nicht mehr von verschwiemelten Politikern und ihren Propaganda-Funktionären bevormunden zu lassen, vor Chefs und der angeblich schlechten Konjunktur zu kuschen. Er hätte in ihre Bauspar-Nischen rufen können: »Freiheit ist möglich!« Den eigenen Landsleuten muss er damit nicht mehr kommen, wie er an anderer Stelle einräumte: »Sie hatten das Paradies geträumt und wachten auf in Nordrhein-Westfalen.«

Nun wachen vielleicht auch die Leute in Nordrhein-Westfalen auf und merken, dass es nur Nordrhein-Westfalen ist. Wie in der DDR stand der Sieger schon Wochen vor der Wahl fest. Alle wussten das. Auch Gauck. Dass er sich dennoch für diese verschwiemelte Operation hergab und vermutlich allein in den letzten Wochen mehr Kompromisse einging als in seinem gesamten DDR-Leben, beschädigt nicht das Amt oder irgendeinen Respekt davor, sondern leider nur seine eigenen Ideale. Es nutzt eben doch alles nichts, werden die einmal mehr Enttäuschten sagen.

Selbst wenn ein paar FDP-Wahlleute aus landsmannschaftlichen Gründen für ihn stimmten, wenn vielleicht sogar ein paar aus der Stasi-Partei das in ihren Augen kleinere Übel wählten – am Ende übte die Bundesversammlung brav Parteidisziplin. Fraktionszwang heißt das in der Demokratie überraschend unverschwiemelt. Im schlimmsten Fall saßen auch noch ein paar der 20.000 westdeutschen Stasi-Mitarbeiter in der weitgehend ungegauckten Versammlung – und wählten heimlich Gauck. Wollte er das wirklich?

»Laienspieler« nannte man politische Quereinsteiger wie Gauck oder Schulz Anfang der neunziger Jahre. Sie hatten denen, die sich selbst für Profis im sogenannten »politischen Betrieb« halten, nicht viel mehr entgegenzusetzen als eine aufrechte Biografie. Auch deshalb wurde aus einer anständigen Wiedervereinigung inklusive neuer Verfassung nur ein verschwiemelter Beitritt zu einem hastig geänderten Grundgesetz. Ein verschwiemelter Einigungsvertrag wandelte ostdeutsches Volkseigentum so schnell wie möglich in westdeutsches Privateigentum um. Die meisten Laienspieler ertrugen das nicht, ließen sich von der Bühne schubsen oder gingen selbst unter Buhrufen ab wie Horst Köhler, der immerhin auch zum Teil in Markkleeberg bei Leipzig sozialisiert wurde. Ein paar unmissverständliche Sätze über die Außenhandels-Missionen der Bundeswehr reichen, um aus der Rolle zu fallen. Die Farce verlangt eine gewisse Werktreue. Das ist Demokratie-Theater.

Von einem gescheiterten Experiment tönte danach der Chor der Hauptamtlichen Schauspieler und die inoffiziellen Mitarbeiter der Mediendemokratie jagten schnell den nächsten Laien auf die Bühne. In vergifteten Jubelgeschichten ernannten sie Gauck zum »besseren Präsidenten« und inszenierten ein Wahlkampfdrama, als hätten Umfragen oder das, was womöglich das Publikum will, in diesem Stück aus Macht, Kalkül und Auflage irgendeinen Einfluss: kantiger Bürgerrechtler gegen glatten Karrieristen, Pfarrer gegen Anwalt, Ost gegen West. Für jeden etwas. Wie es euch gefällt.

»Ein schönes Laienspiel war das!«, so erinnerte sich Gauck gern an seine erste Spielzeit in der letzten Volkskammer. Später hat er selbst aufgedeckt, dass die Stasi allein für Desinformation und »aktive Maßnahmen« knapp 700 IM-Vorgänge unter westdeutschen Journalisten führte. Höchstens fünf Prozent davon sind bis heute enttarnt. Der Rest spielt Othello mit ihm.

Juni 2010 – erster Anlauf von Joachim Gauck

> *«Ist ein Bienenschwarm in eine fremde*
> *besetzte Bienenwohnung eingezogen,*
> *so erstrecken sich das Eigentum*
> *und die sonstigen Rechte an den Bienen,*
> *mit denen die Wohnung besetzt war,*
> *auf den eingezogenen Schwarm.*
> *Das Eigentum und die sonstigen Rechte*
> *an dem eingezogenen Schwarme erlöschen.»*
> § 964 BGB

»Arschlochfreie Zone«

Der Fernsehmoderator Dieter Moor hat einen Bestseller über sein neues Leben in Brandenburg geschrieben. Arglos und freundlich wurde er aufgenommen. Jetzt krempelt er den Ort zu einem »Öko-Modelldorf« um. Eine böse Ahnung.

Bisher kannte ich Dieter Moor auch nur aus dem Fernsehen. Mit seinem schiefen Gesicht, den runden Kragenecken und seinen selbst bei Empfehlungen stets distanzierten Kommentaren hat er aus *titel thesen temperamente* eine Sendung gemacht, zu der man nach der sonntäglichen Schwafelrunde bei Will oder Jauch wieder mal ohne Reue ins Westfernsehen schalten kann. Wie das Hobby eines Moderators zum Nebenerwerb ausufert, hätte mich trotzdem nicht weiter interessiert. Auch der zunächst kryptische Titel *Was wir nicht haben, brauchen Sie nicht* schreit einen im Regal nicht gerade an. Aber irgendetwas Ansprechendes muss ein

Bestseller ja haben ... Für mich war es der Untertitel: *Geschichten aus der arschlochfreien Zone.*

Ich wusste sofort, wo das Buch spielt – und tatsächlich: In leichtherzigen Anekdoten beschreibt der Wochenendlandwirt darin seinen Umzug aus der echten Schweiz an den Rand der Märkischen, von einer Art Milka-Heidi-Bauernhof auf die sandige Scholle Brandenburgs, wo inzwischen wieder ganz normale Stasi-Spitzel mitregieren und der Ministerpräsident schon mal die Resozialisierung von SS-Leuten in Westdeutschland bemüht, um das zu rechtfertigen. Eine finstere Gegend jedenfalls.

Dazu gehört viel Mut oder Frust, vielleicht beides – und damit meine ich nicht nur Platzecks historische Vergleiche, sondern so eine Übersiedelung samt Esel, Enten und Ehefrau. Gewöhnlich führt die Völkerwanderung nach wie vor in die andere Richtung, gern auch von Brandenburg in die Schweiz. Dieter Moor dagegen hat sein neues Zuhause praktisch blind gekauft, nachdem seine Frau Sonja den Hof östlich von Berlin entdeckt hatte. Er selbst, so beschreibt er das zumindest, sieht den kleinen Ort, den er Amerika nennt, beim Umzug das erste Mal. Er muss diese Frau sehr lieben.

Kaum angekommen, fallen ihre Enten einheimischen Füchsen zum Opfer, am Wochenende wummern Techno-Bässe über den alten Militärflugplatz hinter dem Grundstück. Moor aber staunt, dass sich niemand über seine bellenden Hunde aufregt: »Sollten wir hier ein freieres Land entdeckt haben, in welchem der gesunde

Menschenverstand, das Gespür für Maß und Unmäßigkeit höher geschätzt werden als Reglementierungen?«

Jedem Westdeutschen müsste man für solche Sätze schamlose Anbiederung vorwerfen. Einem Schweizer dagegen lassen die neuen Nachbarn sogar die rot-weiße Adlerflagge durchgehen, die er auf seinem Hof hisst, wie es Amerikaner, aber Brandenburger eher selten tun. Er kommt ihnen irgendwie neutral vor. Und weil er sich auch sonst bemüht, nicht als Besserwisser oder Wirtschaftsflüchtling aufzutreten, ist Dieter Moor eine Art Lehrbuch für die sanfte Integration von Konquistadoren gelungen.

In seinem Amerika scheint es nur herzliche und zupackende Ureinwohner zu geben. Ihm wird geholfen und er hilft. Sie veralbern ihn und er lacht mit ihnen darüber. Jeden Tag fühlt er sich wohler und stellt fest, dass es nicht nur an den Schnäpsen liegt, die er mit den Einheimischen teilt: »Es ist das Ganze«, schreibt er, »die Selbstverständlichkeit ... Das Nichts-darstellen-müssen ... Einatmen, ausatmen, der Rest ergibt sich. Wunderbar. Neu.«

Der Titel seines Buches ist die kategorische Impertinenz einer alten HO-Verkäuferin: »Was wir nicht haben, brauchen Sie nicht« steht auf einem Schild in ihrem Dorfladen. Er fragt trotzdem immer wieder nach frischer Milch – und bekommt sie irgendwann. Offenbar trifft Moor dabei einen Ton, den viele Zugezogene nicht einmal suchen und deshalb – wie auch die Vorbesitzer seines Hofes – Hals über Kopf zurück nach West-Berlin fliehen. Ein anderer von der Sorte schleicht nachts angeblich mit einer Taschenlampe durchs Dorf, um Gartenzäune zu vermessen, und ist sich nicht zu blöde, die Passagen über den »Raubritter« in späteren Auflagen des Buches gerichtlich entfernen zu lassen. So ganz arschlochfrei ist die Zone also doch nicht mehr. Als ein paar Neonazis beim Feuerwehrfest stänkern, darf der Autor sogar mal selbst den Rücken gerade machen. Sie bekommen »eins auf die Nuss« angeboten, woraufhin sie sich trollen. So einfach kann das Leben im Osten sein.

Am Ende grölt der *ttt*-Moderator sogar das Lied vom alten Holzmichel »aus vollstem Herzen« mit und schämt sich nicht dafür. Was bei ihm früher »zwanghafte Fluchttriebe« auslöste, hat auf einmal »überraschende Kraft.« Als würde der Trotz des Ostens seine Wilhelm-Tell-Gene wach kitzeln, schreibt der Exil-Schweizer plötzlich in der dritten Person, Plural, und meint nicht mehr nur seine Frau Sonja und sich: »Für die Welt mögen wir nur alte Holzmichels sein, aber wir leben noch. Wir leben!«

Man kann Familie Moor nur die Daumen drücken, denn nach anfänglicher Zurückhaltung sind sie inzwischen offenbar dabei, den Ort zu einem »Öko-Modelldorf« umzukrempeln. Von allerlei biodiverser Nachhaltigkeit und Netzwerken ist dabei die Rede, von »Leader-Vorhaben« und einem »Kompetenzzentrum«. Nach »Nichts-Darstellen-müssen« klingt das nicht mehr, sondern eher nach dem typischen Slang von Subventionsrittern, die einer scheinbar rückständigen Gegend das Heil ihrer Überzeugungen bringen.

War die Liebeserklärung an Land und Leute am Ende nur ein trojanisches Pferd? So wie ich die Brandenburger kenne, tun sie sich mit kosmischen Rhythmen bei der Mozzarella-Produktion eher schwer. Fördermittel schön und gut, aber Kuhmist in Kuhhörnern vergraben und ein paar Mondphasen später in homöopathischen Dosen über die Felder sprühen, um einen warmen Regen zu simulieren? Da ist Vorsicht geboten, von beiden Seiten – sonst landet man auch als Schweizer schnell in einem Topf mit denen, für die von Haus aus und zu jeder Mondphase gilt: *Schnauze Wessi!*

September 2010

> *»Die Lüge reitet, die Wahrheit schreitet –*
> *kommt aber doch zur rechten Zeit an.«*
> aus Lappland

»Verkorkste Wiedervereinigung«

Bezeichnenderweise ist es seit 20 Jahren der unwichtigste Job im Land. Was macht eigentlich ... der westdeutsche Ost-Beauftragte der Bundesregierung? Eine Stellenbeschreibung.

Gibt es (außer mir) eigentlich noch den sogenannten »Beauftragten für die neuen Länder« bei der Bundesregierung? Dieses seltsame Amt, das zuletzt der ehemalige Olympiasieger Wolfgang Tiefensee und vor ihm noch ehemaligere Politiker innehatten, deren Namen man gleich nach Amtsantritt wieder vergessen konnte ... Nein? Doch? Vielleicht? Egal?

Mir ging es auch so, aber ich habe mal gegoogelt: Er heißt jetzt Thomas de Maizière, stammt aus Bonn und ist außerdem Bundesinnenminister. Wenigstens war man feinfühlig genug, mit dem neuen Verkehrsminister nicht den größten Bock zum Gärtner der verblühten Landschaften zu machen. Oder war Peter Ramsauer genau deshalb beleidigt, als er gleich als erstes eine gerechtere Aufteilung der Infrastrukturmittel zugunsten des Westens forderte? Wohl kaum, denn dieser Job gilt so oder so als Arschkarte, die niemand will und keiner braucht.

Das Amt war immer nur ein Symbol. Etwas für halbherzige Sonntagsreden, geschönte Bilanzen und wie seine Vorgängerinstitution – das Ministerium für innerdeutsche Beziehungen – ein Beleg für den typisch westdeutschen Denkfehler, wonach sich immer alles mit Geld regeln lässt. Das alte Ministerium war vor allem für den innerdeutschen Menschenhandel zuständig, kaufte der Diktatur tausende politische Gefangene ab und musste doch gleichzeitig – in den Phasen der sogenannten Entspannung – stets um seine Existenz bangen. Aus Scheu vor Ost-Berlin hieß es schon seit 1969 nicht mehr »Bundesministerium für gesamtdeutsche Fragen«. Und so spielte es auch auf dem Weg zur sogenannten Einheit Deutschlands keine große Rolle, außer vielleicht in der Paranoia einiger Stasi-Agenten, die fürchteten, es lägen dort womöglich Pläne für den Fall der Fälle im Tresor.

Sie irrten alle, hier wie da. Zwar war die »innerdeutsche Frage« im Westen immer so etwas wie ein geflügeltes Wort, aber als sie die Ostdeutschen aus eigener Kraft stellten, hatte auch dort niemand eine Antwort. Die Einheit wurde Chefsache und wie so oft bei Chefsachen, na ja ...

Zwei Jahre dümpelte das zuständige Ministerium noch vor sich hin. Erst als die innerdeutschen Beziehungen 1991 ihren Tiefpunkt erreicht hatten, löste man es auf. Ein Ost-Beauftragter sollte nun reichen, so wie es bei der Bundesregierung auch Missbrauchs- oder Behindertenbeauftragte gibt. Später schlug man den Posten gleich ganz dem Verkehrsministerium zu und im Herbst 2009 wanderte er samt Arbeitsstab »Angelegenheiten der neuen Bundesländer« beinahe geräuschlos ins Innenministerium. Bei den ganzen Extremisten in Potsdam und Dresden – das wäre eine naheliegende Begründung gewesen – gehört es da vielleicht sogar hin. In Wahrheit aber gab es im neuen Kabinett einfach keine glaubwürdige Ost-Biografie mehr. Einer musste es machen, und weil Thomas de Maizière – neben einigen flüchtigen Karrierestationen in Mecklenburg und Sachsen – wenigstens Verwandtschaft da hat, schluckte er auch diese Kröte. Angeblich soll er seinen Cousin Lothar de Maizière, den letzten Regierungschef der DDR, seinerzeit sogar auf eine eifrige Pressereferentin namens Merkel aufmerksam gemacht haben. Die Kanzlerin hat ihrem heutigen Innenminister also einiges zu verdanken. Aber so sind sie, die Ostler, undankbar und gnadenlos: Hilft sie ihm neben Terroristen und Hooligans auch noch den unseligen Job des Babysitters für ihre Landsleute über. Seitdem hört man kaum noch ein lobendes »Duzi-Duzi« oder irgendetwas von »Chefsache«. Dabei gäbe es so viele wichtige Themen:

Da tritt ein Westberliner Kampfsportler den ostdeutschen Kapitän der Nationalmannschaft dermaßen in die Knochen, dass als Motiv nur ethnische Konflikte in Frage kommen, wenn nicht ein Geheimauftrag des badischen Kuschel-Pullovers, weil der Kapitän nie mit ihm duscht. Aber der Ost-Beauftragte, außerdem zuständig für den Sport, sagt dazu nichts.

Da baut Stefan Raab seine Karriere über Jahre mit ostdeutschen Talenten wie seinem Maschendrahtzaun-Star Regina Z. auf, aber ein unbekanntes Mädchen aus Hannover erntet die Früchte. Die einen führt man vor, die anderen zum Grand Prix. Und der Ostbeauftragte schweigt.

Da kämpfen und sterben fast nur Ostdeutsche für den deutschen Außenhandel in Afghanistan (die höheren Dienstgrade westdeutscher Herkunft kämpfen und sterben in der Regel nicht) – und wer sagt endlich mal die Wahrheit über die wahren Motive des Feldzuges? Nicht etwa der Ostbeauftragte, sondern ein mutiger Bundespräsident.

Da ist ständig Hochwasser in Ostdeutschland und wer steht nicht auf dem Deich? Ist es überhaupt Zufall, dass ständig nur Oder, Elbe oder Elster überlaufen und das Wetter hier grundsätzlich schlechter ist? Achten Sie mal auf die Wetterkarte! Die alten Umrisse der zwei deutschen Staaten in den Grenzen von 1989 erkennt man immer noch jeden Abend an den Symbolen: Links Sonne, rechts Wolken. Bin ich der Einzige, dem solche Dinge noch auffallen? Was macht dieser de Maizière eigentlich den ganzen Tag? Ist es ihm etwa peinlich, als Westdeutscher den Fachmann für den Osten zu geben? Wäre ja mal ganz was Neues. Vielleicht schämt er sich ja, dass er seinerzeit mit am Verhandlungstisch saß – angeblich auf ostdeutscher Seite? Fast klingt es so, wenn er heute von einer »politischen Sturzgeburt« spricht.

Die Phrase von der »Angleichung der Lebensverhältnisse in Ost und West«, schrieb der *Spiegel* ein paar Wochen vor dem 20. Einheits-Jubiläum, sei dem Ost-Beauftragten »ein Gräuel«. Das müsste sich mal ein Gleichstellungsbeauftragter an anderer Stelle trauen! Im Grunde hat sich de Maizière damit als erster Politiker offen von der sogenannten inneren Einheit verabschiedet und auch noch eingeräumt, »dass die Hauptschuld für die wirtschaftlich verkorkste Wiedervereinigung« nicht im Osten, sondern in der »paternalistischen Grundhaltung des Westens« bestand – »nach dem Motto: Wir wissen, was für unsere Schwestern und Brüder das Richtige ist – in Wahrheit wussten wir es aber nicht.«

Alten Reflexen folgend wollte ich sofort einen Leserbrief schreiben: Typisch, erst alles besser wissen und dann ... Aber dann dachte ich: Ist doch allerhand Selbstkritik für einen Westdeutschen. Schade, dass so was in einem Blatt wie dem *Spiegel* praktisch niemand mitkriegt. »Verkorkste Wiedervereinigung, Hauptschuld im Westen« – das wären doch mal knackige Stichworte für eine Jubiläumsrede. »Auch Sachsen gehört zu Deutschland«, hätte Wulff sagen können oder Seehofer anstelle von »Multi-Kulti« die »Deutsche Einheit« als »gescheitert« erklären. Von wegen »Wunder« (Merkel) oder »Erfolgsgeschichte« (de Maizière)! Statt »Schnauze« deshalb heute mal das Gegenteil: Bitte, lieber westdeutscher Ostbeauftragter, sag es noch mal! »Verkorkste Wiedervereinigung.« Lauter! »Hauptschuld im Westen.« Und noch mal alle!

Oktober 2010

> *»Die einen sind wir los, die andern sind gekommen,
> und wieder haben Bonzen die Regierung übernommen.«*
> Dritte Wahl, Verlorenes Paradies

Schreibtischtäter wie ich

Ehemalige Leipziger Helden pfeifen auf Hartz IV. Dagegen wollen selbst Altlasten wie Gesine Lötzsch nicht mehr richtig von Kommunismus reden. Und ich verschwende hier meine revolutionäre Energie für westdeutsche Medienkonzerne? Eine Selbstkritik.

Die einen zünden wenigstens immer mal ein Besatzer-Auto an, andere verwüsten als Hooligans westdeutsche Drittliga-Städte und echte Draufgänger wie Gesine Lötzsch verbreiten mit einem einzigen Wort dermaßen Schrecken im ganzen Land, dass es die PDS-Chefin hinterher so lange im eigenen Mund dreht und wendet, bis es nicht mehr wie ein verfassungsfeindliches Parteiprogramm klingt. Jeder von uns tut, was er kann – oder wie es Marx, der alte Klugscheißer aus Trier, für die Zeit danach versprach: »Jeder nach seinen Fähigkeiten.« Und doch, das musste ich in diesen Tagen einmal mehr erschüttert feststellen, sind wir alle nur feige Schreibtischtäter – Herr Marx, Frau Lötzsch und ich leider auch.

Ein früher mal eng mit uns befreundetes Paar hat sich gerade getrennt. Auf den ersten Blick ohne Grund oder multikulturelle Zerwürfnisse: beide von hier, drei Kinder, zwei Meerschweinchen … Trotzdem waren am Ende wieder mal die gesellschaftlichen Verhältnisse in den besetzten Gebieten schuld.

Weil der Vater vermutlich bald ganz in die Illegalität abtauchen muss, möchte ich seinen Namen an dieser Stelle nur mit K. abkürzen, K. wie Kohlhaas. Das passt nicht nur zum Kleist-Jahr 2011 sondern auch zu ihm, »einen« – wie ihn dessen Novelle »aus einer alten Chronik« charakterisiert – »der rechtschaffensten und zugleich entsetzlichsten Menschen seiner Zeit«.

K. weigert sich nun schon seit 21 Jahren, für Westdeutsche zu arbeiten, ihr Zeug zu kaufen oder ihnen auch nur Geld für Miete in den Rachen zu werfen. Weil es in so einem Fall selbst in Leipzig wenig Alternativen gibt, war er die letzten Jahre viel zu Hause, leistete hier und da ein wenig Nachbarschaftshilfe, was allerdings vom »Mehrwert-Regime«, wie K. es nennt, sofort als Schwarzarbeit kriminalisiert wurde. Er selbst, darauf legt er Wert, hat nie Hartz IV beantragt. Seine Frau kümmerte sich bisher um diese Dinge. Und obwohl das Geld oft knapp war bei ihnen, wirkte die Familie stets ausgeglichen, stolz und zufrieden in ihrer unsanierten Kommunalwohnung.

Beim Bier warf mir K. ab und zu »Assimilation« vor, weil ich meine Parkknöllchen pünktlich bezahle und nicht immer gleich jeden unüberhörbar Zugereisten am Nachbartisch anpöbele, was er hier zu suchen habe. Er sprach schon lange vor Stuttgart und London viel über Lenins »objektive Merkmale einer revolutionären Situation«, konnte aber auch immer noch genauso gut von den alten Zeiten schwärmen, in denen er die DDR und ihre pseudowissenschaftliche Legitimation mutiger bekämpfte als die meisten von uns. Es befremdete mich manchmal, dass ausgerechnet K., der mehrmals im Stasi-Knast saß, nun unvermittelt alte Pionierlieder summte. »Unsere Heimat«, zum Beispiel, »das sind nicht nur die Städte und Dörfer ...«

Er hat eine Macke, dachte ich oft. Dass die alte Gehirnwäsche vielleicht doch länger wirkt, als alle dachten – oder die neue nicht bei allen. Aber offenbar sind solche scheinbar paradoxen Trotzreaktionen ehemaliger Helden gar nicht ungewöhnlich. In ihrem Buch *Knastmauke* hat Sibylle Plogstedt mehr als 800 Fragebögen von politischen Häftlingen der DDR ausgewertet und etliche auch persönlich befragt. Viele berichten nicht nur über die Traumata des damals erlebten Unrechts, sondern auch über ihre Enttäuschung nach der sogenannten Wiedervereinigung. Im Westen für ihren Mut bewundert und mit ein paar Euro SED-Opferrente abgespeist, leben sie heute nicht selten in Apathie und Armut. Sie wollten Freiheit und haben Freizeit bekommen. Ganz anders K., der selbstredend auch auf Entschädigungen verzichtet.

Er ließ sich weder von Pfändungen noch vom sozialen Druck seiner Familie zur Besatzer-Fron zwingen.

Und was auf den ersten Blick lächerlich wirkt, übertrieben und stur, ist in Wahrheit wieder Avantgarde: Ich, wir alle sind dagegen nur jämmerliche Sklaven, Zwangsprostituierte zum Teil, aber auch das ist keine Entschuldigung. Helden wie K. werden die Anführer der nächsten Revolution sein. Heute machen sie noch brav eine Kerze an, wenn ihnen wie 800.000 anderen im Jahr der Strom abgedreht wird. Morgen werden sie mit der gleichen Kerze in der Hand die Energiekonzerne enteignen. Noch wehren sie sich gegen die Diktatur der Auto-Lobby, indem sie ihre uralte Karre wieder und wieder reparieren. Bald werden sie nur noch zu Fuß gehen, weil das Geld nicht mal mehr reicht, um BP zu boykottieren. Total-Verweigerer wie K. sind gefährlicher für die Euro-Demokratie als alle Griechen, Iren und irren Terroristen zusammen. Sie erklären sich nicht mal halboffiziell zu Verfassungsfeinden wie Gesine Lötzsch, sondern gehen einfach heimlich nicht mehr wählen, arbeiten oder einkaufen.

Leider ertrug das Frau K. nun doch alles nicht mehr und zog mit den Kindern aus. Verständlich einerseits, nach diesem Winter mit defektem Klo, halber Treppe und undichten Fenstern. Auch sie lebt nun in einer Wohnung, deren Sanierungskosten der westdeutsche Hausbesitzer zu 100 Prozent als Baudenkmal abgeschrieben hat und sich dabei noch für einen Aufbau-Ost-Pionier hält. K. dagegen sollte für ein paar läppische Regale, die er für Nachbarn zu einem Freundschaftspreis aus Sperrholz baute, die Hälfte dem Finanzamt abgeben und hörte danach ganz auf zu arbeiten. Wozu auch? Um den Euro und die Banken vor sich selbst zu retten? Für die asozialen Abschreibungen des Vermieters seiner künftigen Ex?

Natürlich kann nicht jeder ein Mahatma Gandhi sein wie K., so konsequent im Widerstand gegen Besatzer und bisher sogar gewaltlos. Ein ostdeutscher Martin Luther King, der das Stigma des falschen Geburtsortes einfach ignoriert und wie Nelson Mandela die Tarif-Apartheid bekämpft, nach der im Osten nach wie vor in fast allen Branchen für weniger Geld länger gearbeitet wird, wenn es überhaupt einen Tarifvertrag gibt. Und doch brodelt es so oder so ähnlich in vielen Menschen. »Heimat«, fragen sie sich und summen die alte Melodie mit, »sind das überhaupt noch unsere Städte und Dörfer?«

Ein Fotograf – lange vor 1989 in den Westen abgehauen – vertraute mir vor Kurzem an, wenn er nicht noch Kinder in der Ausbildung und ein Haus abzuzahlen hätte, dann würde er auch irgendwann ... Damals lief es bei ihm gerade nicht so gut – und mir eiskalt den Rücken herunter. Inzwischen hat er wieder mehr Aufträge und sich vorübergehend beruhigt. Dennoch erschreckt es mich manchmal, wie gleichgültig Freunde und Bekannte auf irgendeinen Knall warten, eine Geldentwertung oder Schlimmeres. Was soll schon sein? Meist sind es Ostdeutsche, die schon mal erlebt haben, dass plötzlich nichts mehr galt, was unumstößlich schien. Die weder einen festen Job noch irgendein üppiges Erbe oder gar den Aberglauben zu verlieren haben, in einer Demokratie aufgewachsen zu sein. Fatalisten, Maulhelden – mag sein. Aber wenn Nobelkarossen in ihren ehemaligen Stadtbezirken brennen, fällt die Entrüstung längst nicht mehr bei allen gesetzeskonform aus. K. sagt, er fände das nicht in Ordnung, schon aus Umweltaspekten.

Über mich und meine revolutionären Bemühungen hier lacht er: Letztlich würde ich doch nur Leute beschimpfen, die mir dafür auch noch ein mickriges Gehalt zahlen, was ich wiederum anderen von ihnen für eine Wohnung weiterreiche, die noch vor Kurzem Volkseigentum war. Das sei nicht subversiv, sondern pervers. Sie erlauben das höchstens, meint K., weil sie Profit wittern. Da seien diese Kapitalisten völlig schmerzfrei, gierige Masochisten. Und beschämt verschweige ich ihm, dass sich inzwischen sogar Verlage aus München und Frankfurt am Main gegenseitig für die Buchrechte überbieten. Insgeheim aber schwöre ich mir: Sie können ihre Angebote noch 30 mal erhöhen, ich werde standhaft bleiben wie K. – und am Ende einfach das höchste akzeptieren. Damit es ihnen doppelt weh tut.

Februar 2011

»Mit dem Wissen wächst der Zweifel.«
Johann Wolfgang von Goethe

Coaching auf der Couch

Wenn Deutsche aneinander vorbeireden, brauchen sie nicht einmal Worte. Die Missverständnisse sitzen tiefer. Wessi-Versteher wie Olaf Georg Klein leben davon. Ein Gespräch.

Der Berliner Theologe, Philosoph und Kommunikations-Psychologe Olaf Georg Klein beobachtet die Verständigungsprobleme zwischen Ost und West seit 20 Jahren. In seinem Bestseller *Ihr könnt uns einfach nicht verstehen!* erklärte er viele Fallen und Irritationen und wird seitdem gern von West-Unternehmen engagiert, die besser mit ihren Ost-Mitarbeitern klar kommen – oder dort nur einfach mehr verkaufen wollen. Nun bringt Klein mit *Zeit* als *Lebenskunst* Besatzern auch noch die letzten Geheimnisse ostdeutscher Lebensart bei. Schon dafür musste ich ihn erst mal beschimpfen:

Sie Wessi-Versteher! Müssen Sie denen eigentlich alles verraten?!

O.G.K.: Also, ich würde mich eher als Moderator bezeichnen. Ich interpretiere und vermittle ja mehr zwischen beiden Kommunikationskulturen.

Gleich wieder so ein typischer West-Begriff: Kommunikationskultur. Wir sind hier unter uns – Sie können Klartext reden.

O.G.K.: Sie haben das Wort ja trotzdem verstanden. Die Verständigung scheitert eben nicht an Vokabeln. Da gibt es kaum noch Probleme.

Verstehe, sondern weil Westdeutsche uns nicht verstehen wollen ...

O.G.K.: Nein. Es liegt an verschiedenen Kontexten und Gesprächskulturen, hinter denen wiederum grundsätzlich andere kulturelle und mentale Prägungen stecken. Ich nehme immer gern das Beispiel von Engländern und Amerikanern, die beide englisch sprechen, aber ihre Strategien von Höflichkeit, Nähe oder Anerkennung sehr unterschiedlich austragen. Wenn man sich verständigen will, darf man nicht nur von dem naiven Standpunkt der gleichen Sprache ausgehen. Man muss sich eher sagen: Das ist eine andere Kultur und die Eigenheiten sollte ich besser kennen, dann kann ich mich auch verständlich machen, ohne ständig Missverständnisse zu provozieren oder ihnen aufzusitzen.

Wir sollen uns also in Westdeutschland – nach nur 40 Jahren Trennung – behutsam wie im Ausland vorwärts tasten?

O.G.K.: Ja. Ich würde die Frage sogar umdrehen: Wie konnten wir glauben, dass es keine Auseinanderentwicklung gab? Deutschland war die Verlierernation, auf beiden Seiten identifizierte man sich mit den Siegermächten. Die eine Seite adaptierte stark amerikanische Vorstellungen, auch von Selbstverwirklichung und Ähnlichem. Und im Osten nahm man große Teile der – da sage ich es wieder – osteuropäischen Kommunikationskultur an, nicht zuletzt bestimmte Vorstellungen von Familie und Zusammenhalt. Es war nicht so sehr ein bewusster Prozess, eher eine Abfärbung.

Vor allem war keiner auf den Clash dieser Kulturen vorbereitet. Wir wollten 1989 mit offenen Armen empfangen werden. Sie begrüßten uns mit Geld. Wessen Umarmung war eigentlich scheinheiliger?

O.G.K.: Das ist mir zu wertend. Man merkte jedenfalls schnell, dass hier wie da andere Präsentationstechniken galten. Eine andere Kultur, Streit auszutragen, unterschiedliche Grenzen zwischen dem, was öffentlich und persönlich ist. Nehmen wir das Beispiel Freundschaft: In Amerika ist jeder dein Freund, schon nach zwei Minuten. In Westdeutschland bezeichnet man Geschäftsfreunde und bestimmte Leute so, die man einfach gut kennt. Wenn ich aber im Osten jemanden Freund nenne, muss ich mit dem schon einiges durchgestanden haben. Das sind einfach andere Gewichtungen – ganz wertfrei.

Wieso denn wertfrei? Kommt es nicht gerade im Osten viel mehr auf innere Werte an als auf den äußeren Schein?

O.G.K.: Werte, ihre Gewichtung und ihr Ausdruck hängen immer zusammen und beeinflussen sich gegenseitig. Auch innerhalb der Kommunikationskulturen – im Westen wie im Osten – gibt es unterschiedliche Vorstellungen von Werten, die immer wieder austariert werden. Aber wenn das Werkzeug, also die Sprache schon verschieden ist, dann kommt man gar nicht dazu, über die Inhalte zu reden, weil man sich schon vorher missversteht. Da ist das Problem.

Anfangs hieß es immer, diese Probleme wären nach fünf Jahren verschwunden, dann hieß es zehn, inzwischen sind 20 Jahre um. Ich für meinen Teil habe mich damit abgefunden und sage lieber öfter mal Schnauze. Wie lange ist das noch nötig?

O.G.K.: Es hängt eben von jedem Einzelnen ab, ob er das eher als Problem oder als Chance sieht. Aber dass es sich in den nächsten zwei, drei Generationen auflöst, glaube ich auch kaum.

Mir reichen zwei Minuten und ich weiß, wo jemand herkommt, vom Dialekt einmal abgesehen. Können Sie das auch?

O.G.K.: Wenn es gleich ein intensives Gespräch ist, dann schon. Bei Smalltalk vielleicht nicht immer. Aber interessant ist, dass man es auch ohne Worte spürt. Bei meinen gemischten Seminaren zum Beispiel stehen die Leute nach der Anreise zum ersten Kaffee beieinander und keiner weiß, wo der andere herkommt. Trotzdem – nach ganz kurzer Zeit – stehen immer die Westler und die Ostler unter sich.

Weil man es riecht – jetzt auch mal ganz wertfrei gefragt?

O.G.K.: In gewisser Weise ja. Es ist ein Automatismus. Und das zeigt schon, wie viel über Blickkontakt, Sprechgeschwindigkeit, Nähe und Distanz läuft, über Sympathie und Schwingungen. Im Seminar glaubt dann erst mal auch immer keiner, dass es irgendwelche Ost-West-Kommunikationsprobleme gibt: »Ach wo, spielt doch keine Rolle mehr, das ist doch längst vorbei ...« Wenn ich sie dann daran erinnere, mit wem sie zusammengestanden haben, ist das gar keinem aufgefallen. Es passiert also spontan, unbemerkt.

In Ihrem Buch fällt auf, dass Sie trotz aller Unterschiede Wertungen über typisches Ost- und West-Verhalten vermeiden. Warum?

O.G.K.: Im Sinne von richtig und falsch, gut oder schlecht – ja. Man kann auch nicht sagen, dass chinesisch besser oder schlechter ist als deutsch. Unterschiedliche Kommunikationskulturen eröffnen immer nur einen Ausschnitt an Realität und verdecken einen anderen. Von daher wäre es Unsinn zu sagen, das eine sei besser oder schlechter. In bestimmten Zusammenhängen ist das eine vielleicht effektiver, dafür gehen Zwischentöne verloren. Andersrum genauso.

Leider sind es ja oft nur diffuse Gefühle, die einen befremden oder Unbehagen auslösen. Man kann es gar nicht immer in Worte fassen, was einen an Westdeutschen so stört. Vermutlich ist es einfach die Tatsache, dass die sich darüber nicht mal Gedanken machen ...

O.G.K.: Das stimmt nicht. Sie sind genauso verunsichert, wenn sie viel mit Ostlern zu tun haben oder dort arbeiten. Aber es gehört wiederum zu ihrer Kommunikationskultur, sich das nicht anmerken zu lassen. Manchmal fällt es ihnen erst nach Jahren wie Schuppen von den Augen, warum sie damals diese oder jene Probleme hatten. So wie auch vielen Politikern Wähler im Osten nach wie vor ein Rätsel sind.

Klingt fast wie die ewigen Konflikte zwischen Mann und Frau ...

O.G.K.: Sicher. Deborah Tannen hatte in den siebziger Jahren in *Du kannst mich einfach nicht verstehen* ähnliche Erkenntnisse. Auch zwischen Frauen und Männern gab und gibt es Verständigungsschwierigkeiten, die mit Gesprächskultur zusammenhängen. Und es gibt eine bestimmte Affinität der östlichen Kommunikationskultur zur weiblichen und der westlichen zur männlichen. Man kann das vergleichen: Der Westen geht oft direkter vor, zielgerichtet, auf Durchsetzung orientiert – der Osten passiver, reaktiver ...

... auch umständlicher?

O.G.K.: Aus westlicher Perspektive kann das so scheinen. Aber innerhalb der östlichen Kultur ist es nicht umständlich, sich relativ lange bei Gemeinsamkeiten aufzuhalten und erst dann zu Trennendem zu kommen. Umgedreht erscheint vielleicht etwas, das innerhalb des Westens ein klares und direktes Vorgehen ist, aus der östlichen Perspektive als verletzend. So entstehen Vorurteile, ohne dass jemand das sinnvolle Prinzip dahinter entdeckt.

Der weibische Ostdeutsche also – na schönen Dank!

O.G.K.: Verstehen hat immer mit Verständnis zu tun. Und Missverständnisse beginnen schon bei der Gesprächseröffnung. Im Westen heißt das ungeschriebene Gesetz: Fang jede Kommunikation positiv an, egal wie schlecht es dir geht. Stell das Positive raus, dich selbst, was auch immer. Erst nachdem man sich auf dieser Ebene eingepegelt hat, kann man auch zu den Problemen kommen. In der östlichen Kommunikationskultur ist es genau anders herum. Da lautet das Gesetz: Sei nicht überheblich. Man macht sich klein, eröffnet mit einem Problem. Dafür muss es einem nicht mal schlecht gehen. Das ist nur so ein Spiel. Wie geht's? Na ja, geht so, könnte besser sein ...

Klar, kennt man ja: Der Westdeutsche gibt erst mal an, wie gut es ihm geht, der andere jammert aus Bescheidenheit ...

O.G.K.: So wirkt das – aber nur weil das Gespräch nicht synchron verläuft: Der eine bringt immer wieder einen positiven Impuls und hofft, dass der andere darauf einsteigt, damit man zum Eigentlichen kommen kann. Und der Ostler macht genau das Gleiche, bringt immer wieder negative Impulse, um endlich zum Thema zu kommen. So drehen sie in unterschiedlicher Höhe Kreise und finden keine gemeinsame Ebene.

Ist das nicht auch unterschiedlich ehrlich?

O.G.K.: Es ist beides gleich ehrlich und unehrlich – nur anders. Man muss es als kreative Herausforderung sehen. Nur weil der andere nicht genauso tickt wie ich, ist er ja nicht gleich »falsch«.

Aber verlässliche Vorurteile machen auch vieles einfacher: typisch Westen – daran kann man sich orientieren. Und Spaß macht es auch!

O.G.K.: Natürlich trösten Feindbilder über eigene Frustrationen hinweg. Dann muss sich niemand mit dem eigentlichen Problem beschäftigen.

Hat das eigentliche Problem auch etwas mit Neid zu tun?

O.G.K.: Ich glaube ja – aber als Komplex in beide Richtungen: Der Osten ist eher neidisch auf die Vorteile des Westens, die Erbschaften und Häuser. Gleichzeitig lehnt er das ab: Na ja, die Westler, immer nur aufs Materielle aus ... Der Westler dagegen ist neidisch auf die Art und Weise, wie im Osten zum Beispiel miteinander oder mit der Zeit umgegangen wird. Danach sehnt er sich eigentlich, aber lehnt es gleichzeitig als »ineffizient« ab. Das ist also doppelt gewickelt auf beiden Seiten: Man beneidet, was man gleichzeitig verabscheut. Das ist der Knackpunkt. Zumal das auch noch damit einhergeht, dass Ostler laut Statistik mehr Sex haben, solche Sachen.

Ihre Lebensgefährtin stammt aus dem Westen, stimmt das?

O.G.K.: Was soll das denn jetzt?

Ist Ihnen das etwa zu privat? Sind Sie dafür schon zu sehr Westler?

O.G.K.: Kommt drauf an, ob das jetzt ein Vorwurf ist oder ein Kompliment?

Wie Sie wollen. Ich dachte, wir sprechen eine Sprache. Apropos – reden wir eigentlich gerade west- oder ostdeutsch miteinander?

O.G.K.: Da das Publikum in der Mehrheit westdeutsch ist, werde ich mich so ausdrücken, dass ich dort auch verstanden werde. Doch am reinen Text wird das niemand erkennen. Aber mit Leuten aus dem Westen rede ich schneller, bleibe mehr auf Abstand und schaue ihnen nicht so lange direkt in die Augen. Im Osten betone ich eher den Konsens, unterbreche nicht und sage auch nicht ungefragt alles von mir aus. Da wird eine indirektere Form der Kommunikation bevorzugt.

Muss man eigentlich unbedingt beide Sprachen können?

O.G.K.: Der Ostdeutsche muss wohl. Der Westdeutsche kann, deshalb fällt es ihm auch schwerer. Wenn ich innerhalb meines alten Gefüges bleibe, juristisch, ökonomisch, politisch, dann habe ich natürlich wenig Veranlassung, mich mit einer anderen Kommunikationskultur zu befassen. Warum auch? Für den Ostler aber hat sich in der offiziellen Kommunikationskultur fast alles geändert. Er hat ganz andere Reibungen und ein Interesse daran, das zu fassen und auch klare Grenzen zu ziehen. Zum Beispiel wird er im Job eher westlich kommunizieren, weil es da effizienter ist, aber privat seine alte Kommunikationskultur behalten, weil die in Bezug auf Freundschaft, Liebe und so weiter viel besser funktioniert.

Juli 2011

*»Ja, zwischen BRD und Polen
da wurde ein Land gestohlen.«*
Feeling B., Ich such' die DDR

Neue Länder, alte Mauern

Zone? Ex-DDR? Beitrittsgebiet? Nach 50 Jahren Mauerbau – und 22 ohne – wird es Zeit für neue Begriffe. Eine Ausschreibung.

Das habe ich nun davon: Mein zweitbester Freund Ludger (siehe *Schnauze Wessi: Vier Panzersoldaten und ein Hund*) redet nicht mehr mit mir, bedürftige West-Frauen (siehe *Schnauze Wessi: Sex im Dunkeln*) spammen mein Postfach mit obszönen Angeboten voll und irgendein Idiot aus Darmstadt droht mit Anzeigen wegen Volksverhetzung. Da gibt man sich alle Mühe, die bröckelnde Mauer in den Köpfen behutsam zu sanieren, aber der westdeutsche 16-Prozent-Bürgermeister meiner Heimatstadt würde mich wegen Verunglimpfung der Heiligen Friedlichen Revolution (siehe *Schnauze Wessi: Arme Helden*) am liebsten ausbürgern. Er mich! Ich darf nicht mehr zum Elternabend (siehe *Schnauze Wessi: Das*

Duell der Dinkelkekse) und sogar meine Mutter fragt besorgt, ob ich das mit den Elefanten (siehe *Schnauze Wessi: Mobbing in den Tod*) wirklich ernst meine: »Und immer diese derben Worte, Junge!«

Sie haben alle recht: Mir gefällt der Name der Kolumne selbst nicht mehr. Weniger – entschuldige, Mama! – weil die Überschrift zu derb wäre oder Betroffene ständig zu dümmlichen Kommentaren verleitet. Nein: Von mir aus könnte auch »Fresse«, »Fuck you« oder »Leck mich« da stehen. Sie brauchen es immer etwas dicker aufgetragen, weil sie selbst den ganzen Tag nichts anderes tun. Was mich zunehmend stört – also jetzt nur mal das Wort –, ist der »Wessi«. Genau wie sein angebliches Pendant, der »Ossi«; diese Begriffe werden dem Problem nicht gerecht. Sie verniedlichen den Konflikt, verharmlosen Gegenwart und Geschichte. Am Ende glaubt noch jemand, das hier sei irgendein Quatsch, Satire gar oder verbitterter Galgenhumor.

In Wahrheit ist alles viel ernster, als es westdeutsche Leser gern nehmen: üble Propaganda, Neid und Missgunst, von mir aus auch Volksverhetzung. »Wer in einer Weise, die geeignet ist, den öffentlichen Frieden zu stören, zum Hass gegen Teile der Bevölkerung aufstachelt«, heißt es dazu im Strafrecht der Besatzungsmacht, wird mit bis zu fünf Jahren Gefängnis bestraft. »Hass« ist vielleicht ein wenig übertrieben. Bei mir ist es eher eine gewisse Menschenverachtung. Aber hat dafür jemals jemand die Erfinder von Hartz IV oder die Verfasser des Einigungsvertrages angezeigt? Bis zu drei Jahre drohen immerhin auch für die Verbreitung von Schriften, die zu Willkür »gegen eine durch ihr Volkstum bestimmte Gruppe« auffordern. Na also.

Das Besatzungsrecht schützt weder die einen vor Volksverhetzern noch die anderen vor Volksverarschung. Was wir brauchen, sind neue Begriffe für diese zwei »durch ihr Volkstum bestimmten Gruppen«, die seit mehr als 20 Jahren nebeneinander her leben. Und auf jeden Fall neue Abkürzungen! Die sind überhaupt das Wichtigste: Sie müssen klingen, etwas klingeln lassen. Denken sie nur an USA oder EHEC. In »BRD« hat mir zum Beispiel immer die *Demokratie* gefehlt – der Begriff wenigstens – oder ist das Absicht? Eine Deutsche Demokratische Republik klingt dagegen theoretisch immer noch ganz gut, hat es aber als DDR praktisch vergeigt. Da muss man sich nichts vormachen, aber auch von Ahnungslosen nichts vormachen lassen, die sie ständig mit Attributen wie »ehemalige« oder »frühere« vergessen machen wollen, als hätte es neben der früheren noch eine spätere DDR gegeben, eine heutige gar, oder als wäre die ehemalige nicht bis zum Schluss dieselbe gewesen: die DDR eben – »Der Doofe Rest«.

Seit der sogenannten »Wiedervereinigung« – dem Anschluss, Beitritt wie auch immer – hat sich daran wenig geändert. Sprachliche Krücken wie die »Fünf Neuen Länder« sollten darüber hinwegtäuschen, haben aber mit der Abkürzung »FNL« vor allem versprengte Vietcong-Kämpfer angelockt, die sich seitdem für unsere antiimperialistische Solidarität in den siebziger Jahren mit unversteuerten Zigaretten revanchieren. »Neu« stand immer als neutraler Platzhalter für hilfsbedürftig, zweitklassig und die Scheu vor ehrlichen Kürzeln wie etwa BLL (Billig-Lohn-Länder) oder WAM (Westdeutscher Absatzmarkt). So wie 1961 niemand die Absicht hatte, eine Mauer zu errichten, leugnet es der Westen seit 1990: Eine Mauer? Arm und reich? Wo denn? Höchstens in den Köpfen! In Wahrheit springt sie einem auf jeder statistischen Landkarte sofort ins Auge, egal ob gerade Einkommen, Schnapsverbrauch oder auch nur das Gefühl abgefragt wird, ein Land zu sein.

Die ehemalige Zone könnte demnach beispielsweise Hartz-IV-Land heißen, wenn nicht wieder die Abkürzung – HIV-Land – völlig falsche Assoziationen wecken würde. Und so verhält es sich mit fast jeder halbwegs passenden Alternative. Ob man die Geografie, historische oder regionale Eigenheiten bemüht – immer schwingen irgendwelche Missverständnisse mit.

Zwar reicht das Sendegebiet des MDR offiziell bis Schlesien, aber gehört Görlitz – ja, selbst Dresden – nach heutigen Begriffen wirklich zu Mitteldeutschland? Genauso gut könnte man von »Deutschland in den Grenzen von 1989« reden oder die besetzten Gebiete östlich der Elbe als »Ostmark« bezeichnen. Seit es die West-Mark nicht mehr gibt, würde nicht mal jeder gleich an das alte Währungsgefälle denken. Aber ich fürchte, auch da gibt es historische Bedenken, ähnlich wie zum Beispiel bei »Deutsch-Nordost«, was mir neben den naheliegenden Bezügen zum Kolonialgebaren des westdeutschen

Apartheid-Regimes auch deshalb ganz gut gefällt, weil Himmelsrichtungen eine vergleichsweise verlässliche Größe sind.

Ob »hoher Norden«, »warmer Süden« oder »naher Osten« – da kann sich jeder etwas vorstellen. Hab ich eine vergessen? Ach ja, den »wilden Westen«. Aber darf man Baden-Württemberg nach Winnenden, Stuttgart 21 oder der letzten Landtagswahl gleich so nennen? Die Zustände in vielen Ost-Berliner Kiezen mit denen in Ost-Jerusalem vergleichen? Natürlich nicht! Kein Vergleich ohne Mauer oder Verharmlosung – alles vermintes Gelände.

Eine gar nicht so schlechte Lösung schlägt ausgerechnet ein Leser aus Nordrhein-Westfalen vor: »Hören Sie endlich auf«, schreibt mir Guido N. aus Lemgo, »das gesamte westdeutsche Volk in einen Topf zu werfen!« Das trifft es eigentlich: Das »Gesamte Westdeutsche Volk« ist eine relativ klar umrissene Menge, bringt kaum historische Probleme mit sich und unterstellt, dass es auch das »Gesamte Ostdeutsche Volk« geben muss. Was für schöne Bilder allein die Abkürzung GOV auslöst: Government – *Wir sind das Volk* und so weiter. Auch das GWV, was irgendwie nach Wohnungsbaugesellschaft oder Grundstücksverein klingt, könnte sich damit sicher identifizieren: ein Volk von Bausparern, ohne Mauern im Kopf – bis auf die eigenen vier Wände.

Apropos Wände. Die »Wende« ist auch so ein Wort, das immer noch regelmäßig in die Irre führt. Nur aufgeklärte Ostdeutsche wissen, dass es der Geschichte von

SED-Funktionären in den Mund gelegt wurde. Ältere Westdeutsche warten seit Stalingrad darauf, jüngere denken eher an die Börse oder ihre Pinnwand bei Facebook. Das ist überhaupt die Idee: Wer eine bessere hat als »Neu-Fünf-Land«, »Dunkel«-, »Ost«- oder »Klein-Deutschland« kann sie gern an diese Mauer (www.facebook.com/schnauze-wessi) pinnen. Die besten Vorschläge lässt der MDR für einen Produktionskostenzuschuss ab 10.000 Euro von einem echten Stasi-Moderator verlesen – so haben auch Westdeutsche mit Lese-Rechtschreib-Schwäche eine Chance.

August 2011

*»Nationen, die man unterworfen hat,
muss man entweder glücklich machen
oder vernichten.«*
Niccolò Machiavelli

Rotkäppchen und andere Märchen

Kaufen Ostdeutsche regionale Lebensmittel, bezichtigt man sie gern der Nostalgie. Tatsächlich ist solche Gefühlsduselei nur eine Marketing-Erfindung des Westens. Ein Einkaufsbummel.

Von ein paar ideologischen Retardierungen einmal abgesehen ist die Zigarettenmarke *Juwel* das letzte Stück DDR-Alltag, das mich nun schon seit 22 Jahren durch den Westen begleitet. Statt EVP 2,50 kostet das Päckchen inzwischen umgerechnet 50 Mark Ost. Dafür sind weniger drin und wie sich das gehört, gehört die Dresdner Fabrik natürlich auch längst zu Philip Morris. Außen stehen die tödlichen Binsenweisheiten des Bundesgesundheitsministers drauf. Aber sonst – und nur darauf kommt es letztlich an – sieht die Verpackung immer noch genauso schäbig aus wie früher.

Von Geburt an ahnungslose Kollegen bewundern sie deshalb oft. Ob ich gerade in London war, fragen sie etwa in Hamburg und staunen – »wie stylish!« – über das blassgrüne Design. Ehemalige Landsleute dagegen freuen sich jedes Mal, dass es die »Alte« überhaupt noch gibt, ganz im Gegensatz zur neuen *Juwel 72*, einem üblen Tabak-Mix aus Bulgarien, den nur Parteifunktionäre und LPG-Vorsitzende mochten, die sogenannte »Schweine-Camel«.

Anfangs habe ich natürlich auch andere Marken probiert. *Luckies, Gitanes* oder was einem ab 1989 sonst noch so »den Geschmack der Freiheit« vorgaukelte. Doch wie bei vielen leeren Versprechen des Westens bin ich wieder bei den kurzen Filtern der »Alten« gelandet. Und das hat nichts und wieder nichts mit Nostalgie zu tun – im Gegenteil: Gerade bei Ost-Produkten, die ihre Herkunft penetrant vor sich hertragen, ist oft Vorsicht geboten.

Seit das Wort »Konsum« auch im Osten auf der zweiten Silbe betont wird, unterliegen westdeutsche Werbestrategen und Medien ständig dem Trugschluss, hier kaufe irgendwer irgendetwas, weil irgendein Westdeutscher »Kult« darauf schreibt, »von hier« oder gar »von uns«. Dabei schmiert sich kein Ostdeutscher statt *Nutella* lieber *Nudossi* auf die Bemme, bloß weil das aus Radebeul kommt oder bei Ökotests besser abschneidet – sondern weil es einfach besser schmeckt als das klebrige Grundnahrungsmittel der Nationalmannschaft. Mehr Haselnüsse. Weniger Zucker. Keine zusätzlichen Aromen. Das ist schon das ganze Geheimnis.

Alles andere ist »Ostalgie« made in West. Offenbar traut man Ostdeutschen keine souveränen Kaufentscheidungen zu oder möchte mit den Märchen von den Ostprodukten verschleiern, dass auch die Firmenzentrale von Pflaumenmus aus Mühlhausen längst in Mönchengladbach steht und die Gewinne aus Thüringen bei einem spanischen Konzern abrechnet. Dass *Bautzener Senf* seit 1992 zu Develey in Unterhaching gehört und *Spee* schon lange wieder für Henkel Geld wäscht. Ob Ampelmännchen, saure Gurken oder »das Bier von hier« – es ist immer die gleiche verlogene Geschichte.

Ein Industriedesigner aus Tübingen zettelte die Ampelmann-Kampagne an, bis ihn selbst westdeutsche Berliner »knuffiger« fanden als den strengen Kollegen zu Hause. Genauso gut hätte man behaupten können, er sehe fett aus, faul und trage einen Hut wie Honecker. Aber da war das Ampelmännchen schon ein Politikum – und »Eingetragenes Warenzeichen«. Heute steht es für eine ebenso zweifelhafte wie verzweifelte Ost-Identität – und der clevere Schwabe kassiert für jede Ampelmann-Tasse Lizenzgebühren.

Wer solchen Trabi-Tinnef für etwas Ostdeutsches hält, glaubt natürlich auch, die Menschen dort würden sich seit 1945 ausschließlich von Spreewald-Gurken ernähren – als hätte es vor dem Krieg keine gegeben. Bis zum Europäischen Gerichtshof zog sich der Streit um die angebliche Ostmarke hin, begleitet von viel Nostalgie-Getöse, aber selbstverständlich geführt und gewonnen von Rheinländern, die heute mit *Spreewaldhof* Marktführer sind.

Westdeutsche Wirtschaftsmagazine jubeln, wenn die alte ostdeutsche Spülmittelmarke *FIT* klangvolle Westmarken wie *Kuschelweich* oder *Sunil* übernimmt: Na bitte, geht doch. Sogar andersrum! Tatsächlich gehört die Firma seit 1993 einem westdeutschen Manager, der sich damit brüstet, dass niemand mit so »ausgezeichneten Fachleuten preiswerter produzieren« könne. Na und? Ist das etwa eine Kunst im sächsischen Dreiländereck zu Polen und Tschechien?

Aber *Rotkäppchen* – bitte, bitte lasst uns wenigstens dieses Märchen! Hat das liebliche kleine Sektmädchen aus dem Osten nicht sogar *Mumm* und *M&M* geschluckt? Schöne Story, doch leider auch nur die halbe Wahrheit: Denn natürlich gehörte *Rotkäppchen* schon vorher mehrheitlich dem westdeutschen Eckes-Clan. Wie der Wolf hat man sich verkleidet und seine Freyburger Minderheitsgesellschafter das Ost-kauft-West-Märchen so oft erzählen lassen, bis alle daran glaubten. Ähnlich listig nannte sich 2002 die Binding-Gruppe aus Frankfurt am Main in »Radeberger Gruppe« um. Aber ob ich nun Rostocker Bier trinke oder Berliner, eine der Leipziger Marken *Krostitzer*, *Reudnitzer* oder *Sternburger* – am Ende gehört alles der Familie Oetker aus Bielefeld.

Lassen wir uns also nichts vormachen: Nicht von *Vita-Cola* oder *Lichtenauer Mineralwasser*, dem größten Abfüller in den besetzten Ländern – beide blubbern für die Hassia Gruppe im hessischen Bad Vilbel. Nicht von *Riesaer Nudeln*, die aus einer schwäbischen Spätzle-Familie den zweitgrößten Nudelhersteller Deutschlands machten. Nicht von *Pfeffi*-Bonbons, die zwar mit einem Trabi werben, aber inzwischen aus Oberbayern kommen. Nicht vom *Leckermäulchen*-Quark der niedersächsischen Frischli-Gruppe oder der bedauernswerten Pleite von »Tiefkühl Frenzel«, den sofort ein Hamburger Agrarkonzern übernahm, der mit seinen Flächen in Ostdeutschland schon vorher als größter Grundbesitzer Europas galt.

Das ganze Zeug mag »wie früher« schmecken. Aber wann immer sich Westdeutsche die letzten Früchte aus Volkseigentum und Treuhand-Pleiten pflückten, ging es nicht um Geschmack, Arbeitsplätze oder andere Sentimentalitäten, sondern um Absatzmärkte, Fördermittel und Flurbereinigung. Warum sollten da sogenannte »Verbraucher« gefühlsduseliger sein?

Florena aus Waldheim galt lange nur als Werkbank und Ostflanke der Hamburger Beiersdorf AG. Neuerdings darf die Marke auch bundesweit werben: »Natur hautnah erleben«, heißt der Claim. Im Osten hieß es noch: »Mit Florena küsst dich keena.« Das sitzt viel tiefer und hat sich bei mir sogar auf Nivea übertragen, lange bevor Jogi Löw dort die Anti-Werbung übernahm.

Die kleinen Becher mit Fleisch- oder Fischsalat von *Rügen Feinkost* waren dagegen fast immer in meinem Korb, bis die Homann-Gruppe aus Düsseldorf den Betrieb am 1. August 2011 übernahm. Einen Tag später kündigte sie 100 einheimische Jobs und die Schließung des Rostocker Werkes an. »Wir sehen für dieses Werk keine nachhaltige wirtschaftliche Überlebensfähigkeit«, sagte der Homann-Chef. Vor der Übernahme hieß es noch, man wolle mit dem Kauf das eigene Unternehmen stärken ...

Nur 17 Prozent aller Ost-Marken überlebten das Jahr 1990. Auch danach hatte es nicht immer mit Qualität zu tun, wenn sie aus den Regalen der Kaufhallen verschwanden, sondern eher damit, wem die Regale gehörten und wie viel Druck die westdeutsche Konkurrenz machte. Bei *Kathis Backmischungen* aus Halle schafften sie es nicht. Die alte Schaumbad-Marke *Badusan*, die ein mutiger Sachse 2008 wiederbelebte, kam gar nicht erst rein. Von den Preisen, die ihm Handelskonzerne diktieren wollten, hätte er nie leben können, sagt er, und vertreibt nun alles selbst.

Soll ich deshalb aus Solidarität öfter baden? Zur Ethikbank Eisenberg wechseln, weil die angeblich keinen Cent in Ausbeutung investiert oder weil die Server der niedlichen Online-Bank in Thüringen stehen? Soll ich womöglich aufhören zu rauchen, weil mir meine *Juwel* nur vorgaukelt, sie sei noch die »Alte«, in Wahrheit aber genauso ungesund ist wie *West*? Ich weiß es nicht. Aus Jesus-Latschen (»original DDR«) werden schließlich auch keine Adventure-Sandalen, nur weil sie ein »Ostalgie-Shop« in Nordrhein-Westfalen verschickt. Aber von mir aus – solange sie nicht gleich mit *Rotkäppchen* Brüderschaft trinken wollen – sollen auch Westdeutsche ihre Chance haben.

Januar 2012

> »Die Herren machen es selber,
> dass ihnen der arme Mann
> zum Feind wird.«
> Thomas Müntzer

Ihr könnt ihn behalten!

Christian Wulff hat bewiesen, dass er genau der richtige Bundespräsident ist: Er repräsentiert Westdeutschland wie seit Heinrich Lübke keiner mehr. Eine Egalitätserklärung.

Seid ihr jetzt endlich fertig mit eurem Präsidenten? Dem scheinheiligen Getue um Pressefreiheit – oder dem Anschein davon? Mit der »Würde eines Amtes«, die sowieso keiner mehr würdigt, außer sein Inhaber? Glaubt ihr wirklich noch, unter Gleichen seien alle gleich und ausgerechnet Westdeutsche gegen Geiz, Gier und etwas Glamour immun? Wir nicht. Bis auf Joachim Gauck und vielleicht ein paar hoffnungslose AWD-Bausparer regt die Debatte um Christian Wulff deshalb im Osten Deutschlands auch keinen groß auf. Egalität – dass man euch das erklären muss! – kommt von egal. Zinsen, Freunde, Fernsehshows; ein bisschen drohen, schnorren und schwindeln – da führt ein armer Familienvater aus Niedersachsen mal vor, wie das System funktioniert, und ihr stellt sofort euer Selbstbild in Frage? DAS ist kleinlich.

Aber wir wollen in Zukunft alle etwas transparenter sein: Natürlich schreckt Ostdeutsche in dieser Sache auch das Strafgesetzbuch ab. Es mag nur Besatzungsrecht sein, aber wer eine Diktatur hinter sich hat, nimmt das womöglich ernster als scheinbar meinungsfrei geborene Kollegen, für die Journalistenrabatte stets eine Selbstverständlichkeit waren. Immerhin drohen für die »Verunglimpfung des Bundespräsidenten« bis zu fünf Jahre Freiheitsstrafe. Theoretisch sogar ihm selbst, falls er dem zustimmt. In der DDR gab es für »Staatsfeindliche Hetze« gegen »Repräsentanten« in der Praxis auch selten mehr – aber ist es das wert? Nur um euch zu sagen, dass ihr genau den Präsidenten habt, den ihr verdient?

Wulff – soviel darf man wohl in aller demokratischen Demut straffrei äußern – war nie unserer. Dass sich Gauck überhaupt für die abgekartete Wahlposse hergab, ist traurig genug. (siehe Seite 23: *Schwiemelei und Gauckelei*) Nachdem sich der eine als Sarrazin-Bewunderer outete und der andere zum Islam bekannte, gab es sicher in den westlichen Fanblocks ein paar Verschiebungen. Ich persönlich habe mir lediglich noch schnell drei Autogrammkarten für je 2,38 Euro (inklusive Mehrwertsteuer, Bettina und Versand) gesichert. Als spekulative Wertanlage. Als Präsident aber könnt ihr Wulff behalten.

Seit in den Nachrichten dieses schmutzig gelbe Klinkerhaus auftauchte, war die Luft aus der Affäre.

Wer sich für blaue Sprossen-Fenster eine halbe Million Euro borgt, verdient höchsten Respekt. Für seinen Geschmack. Man kann sich gut vorstellen, wie er im Partykeller zu den *Scorpions* ausflippt. Veronica-Ferres-Poster an den Wänden. Eine Spiegelwand zum Üben für bedauernde Sätze ... Wenn es wenigstens ein Palast gewesen wäre oder eine saftige Rotlichtaffäre – aber dass ihm seine Landsleute ein paar Prozent Zinsen neiden, ist so typisch westdeutsch wie Großburgwedel oder das, was sie dort »Freunde« nennen. Die wären mir allerdings auch peinlich; ebenso Fernsehbeichten nach dem Motto: Ich bin doch auch nur ein Mensch – Westdeutscher wie ihr ... Das klingt fast so verständnislos wie Erich Mielkes »Ich liebe doch alle Menschen«. Und in der Tat: Warum soll ein kleinkarierter Prototyp dieser Gesellschaft plötzlich nicht mehr deren Aushängeschild sein? Wir sind da großzügiger, aber – wie gesagt – es geht uns auch nix an.

Nur einen Moment war ich erschrocken, als in den Nachrichten noch von einem Unternehmerehepaar G. als Kreditgeber für das Präsidentenhaus die Rede war. Gleichzeitig führte nämlich die Spur der Jenaer Nazi-Terroristen zu einem Unterstützer in der Nähe von Hannover, den die Medien ebenfalls mit G. abkürzten. Das hätte womöglich selbst ein weitgehend bangloses Amt mehr beschädigt als die NSDAP-Parteibücher früherer Inhaber oder deren Nähe zu Kinderschändern der Odenwaldschule. Dagegen – das muss man dem Sparfuchs aus Großburgwedel auch mal zugutehalten – ist eine polternde Blattkritik bei der *Bild*-Zeitung beinahe ein Fortschritt. Falls er dabei wirklich »Krieg« erklärte, hätte er sich sogar von seinem sensiblen Vorgänger emanzipiert, der für seine umständliche Kriegserklärung mit Wirtschaftsinteressen gleich beleidigt zurücktrat.

Die, deren Präsident er nun noch ein paar Tage ist, sollten ihm dankbar sein: Wulff hat Beziehungen und Abhängigkeiten zwischen Politik und Geld transparenter gemacht, als sie je waren: Wie selbstlos der eine dem anderen PR finanziert. Wer wen im Zweifel anruft und wer davor kuscht, denn andere Redaktionen hatten die Informationen auch. Nicht zuletzt lieferte der Bundespräsident in einer seiner halben Entschuldigungen auch noch eine neue Generalausrede für allerlei kompromittierende Alltagssituationen: Jeder Ladendieb kann nun den ersten Mann im Staat zitieren, wenn er mit einer Schnapspulle unter der Jacke erwischt wird: »Ich erkenne an, dass hier ein falscher Eindruck entstehen konnte. Ich bedauere das.«

Ob es schon die ganze Wahrheit war – freiwillig oder nicht –, kann uns egal sein, solange Wulff nicht auf Rügen Urlaub machen will oder sich die vorbildliche Frau Schausten vom ZDF für westdeutsche Freundschaftspreise zum Übernachten ankündigt. Es soll jetzt nicht anbiedernd oder wie ein Nachruf klingen, aber bei aller gebotenen Respektlosigkeit mochte ich diesen Präsidenten sogar: Anders als die meisten seiner Landsleute konnte er auch mal ein paar Tage eisern schweigen. Niemand musste ihm dafür sagen, was schon aus strafrechtlichen Bedenken vielleicht nicht so einfach gewesen wäre: *Schnauze Wessi!* Noch wünscht sich die westdeutsche Mehrheit laut Umfragen eine zweite Chance für ihn.

Januar 2012, einen Monat vor seinem Rücktritt

> *»Wenn die Bluthunde schweigen,
> bellen die Schoßhunde mehr.«*
> Georg Kreisler

Thüringer Schläfer, hessische Penner

Immer neue Fahndungs-Pannen zur sogenannten Zwickauer Terrorzelle kommen ans Licht. Fälschlicherweise wirft man ostdeutschen Beamten Versagen vor. Ein Verfassungsschutzbericht.

In den letzten Wochen war viel von Verfassungsschutz die Rede, oft in einem Atemzug mit Thüringer Heimatschützern, und inzwischen kann niemand mehr sagen, wer da eigentlich wen beschützte. Welche Verfassung? Wessen Heimat? Schutzlos fühlt man sich den vielen Beschützern ausgeliefert. Allein um dem Vorwurf zu entgehen, sie hätten mehr geahnt als wissen können (sollen? müssen?), leisten sonst geheime Behörden einen Offenbarungseid nach dem anderen. Vor allem in Sachsen und Thüringen, so der bleibende Eindruck, tappten und tappen lauter Blindgänger mit Augenklappen unter den Schlapphüten herum. Das ist ungerecht.

Zum einen sind »sächsische« oder »thüringische Verfassungsschützer« in Rang und Verantwortung natürlich keine Sachsen oder Thüringer. 1990 übernahmen hier Experten aus Hessen oder Bayern die Aufgaben der Staatssicherheit – selbstverständlich ohne die alten Fachkräfte vor Ort. Anders als im Westen, wo man nach dem Krieg beim Aufbau einer Art Gestapo mit demokratischer Gewerbeaufsicht auf das personelle Know-how der Vorgänger-Institutionen nicht verzichten wollte, brauchte man deshalb reichlich Personal an der unsichtbaren Ostfront. So konnte jeder x-beliebige westdeutsche Panzeroffizier Präsident eines Landesamtes werden und muss sich dafür heute von westdeutschen Geheimdienstexperten der *Süddeutschen Zeitung* als »krasse Fehlbesetzung« schmähen lassen. Allerdings stets als »Thüringer Ex-Präsident«, nie als Ex- oder Export-Westdeutscher. Aber geschenkt: Schließlich schickten damals die meisten Branchen nicht nur die Leuchten ihrer Zunft.

Zum anderen kann man wirklich nicht sagen, dass die zu Hause oft in mittleren Laufbahnen komplett unterforderten Aufbauhelfer nur Neonazis beschützen: In Thüringen etwa wurde die Residenzpflicht für Asylbewerber lange Zeit besonders rigide durchgesetzt, damit ihnen außerhalb der meist abgelegenen Internierungslager nichts passiert. Offenbar werden ihnen sogar, so der Weimarer Arzt Thomas Hartung auf seiner Homepage, unbürokratisch schnell und öfter als nötig Zähne gezogen. Der einheimische SPD-Mann prangert dies zwar als »Drei-Klassen-Medizin« an (die zweite Klasse sind vermutlich normale AOK-Zahnlücken), übersieht aber völlig, dass den ausländischen Patienten auf diese Weise weniger Zähne ausgeschlagen werden können.

Ähnliche Strategien der Demokratie-Prophylaxe verfolgten die geheimen Beamten bei der Integration ostdeutscher Neonazis. Damit sie nicht mehr allein dem Einfluss ihrer westdeutschen Einpeitscher ausgeliefert waren, förderte der Staat nach Kräften regionale Strukturen wie den Thüringer Heimatschutz oder NPD-Ortsgruppen. Auch diese wichtigen Personal- und Sachkosten werden oft vergessen, wenn der Westen über die Milliarden für den Aufbau Ost stöhnt. Demokratie hat eben ihren Preis.

Linke Gegendemonstranten höhnen zwar gern: »Ohne Verfassungsschutz seid ihr nur zu dritt!« Aber das Geld vom Amt und seine V-Leute schützen nicht nur vor lästigen Verboten. In Thüringen konnte man durch den klugen Einsatz der Ressourcen auch ein paar hessische Gewerkschafter bespitzeln, die dort in der PDS genauso schnell Karriere machten wie ihre rechtsradikalen Landsleute in den Landtagen von Mecklenburg-Vorpommern und Sachsen.

Doch selbst die besten, durch und durch demokratisch sozialisierten Westbeamten im sächsischen Auslandseinsatz können die Augen nicht überall haben. Wie sollen sie irgendwelche Terrorzellen beobachten, wenn sie gleichzeitig mit aller Kraft die »Grundrechte von Minderheiten« – so ein westdeutscher Richter über den jährlichen Nazi-Aufmarsch in Dresden – schützen müssen? Noch immer sind zigtausende Handydaten der Gegendemonstranten nicht ausgewertet, ja, nicht mal alle Immunitäten von linken Landtagsabgeordneten aufgehoben, die dem Irrglauben erlagen, sich in Deutschland Nazis in den Weg stellen zu dürfen! Dafür klappte es in diesem Verteidigungsfall der jungen sächsischen Demokratie mit länderübergreifenden Einsätzen besser als bei den abgetauchten Jenaer Bombenbastlern. So störten Thüringer Behörden nicht, als »sächsische« Staatsanwälte im Sommer die Diensträume des Jenaer Pfarrers Lothar König durchsuchten, weil sie gar nicht erst informiert waren. Nun hat man den Jugendpfarrer in Dresden wegen Landfriedensbruchs angeklagt, weil er während der Nazi-Demo aus seinem alten VW-Bus – so die Anklage – »Musik mit anheizenden Rhythmen« spielte.

Es mag ironisch wirken, dass die für die Zwickauer Schläfer zuständigen Schlafmützen ausgerechnet in diesen Tagen gegen einen Jenaer Antifaschisten vorgehen. Doch auf den zweiten Blick verdient auch die Chuzpe Respekt, mit der westdeutsche Demokratieexporteure ihre Sache durchziehen. Der Pfarrer lässt sich davon leider nicht einschüchtern. Er ist Verfolgung und verschiedene Auffassungen von Staatssicherheit aus DDR-Zeiten gewöhnt. Der »sächsische« Innen-Staatssekretär Michael Wilhelm wiederum – eigentlich aus Würzburg – geht davon aus, dass bei der Verfolgung mutmaßlicher Nazi-Demo-Störer »sauber gearbeitet wurde.« Auch persönlich scheint er nicht viel von Ausgrenzung junger Neonazis zu halten: Bei einem Sportfest mit dem passenden Titel *Schwimmen für Demokratie und Toleranz* holten sich Mitte September 2011 auch NPD-Kader brav ihre Urkunden ab und posierten – Daumen hoch – mit dem Staatssekretär für Fotos. Und wo? Das lassen wir die um ihren Ruf besorgten Einwohner in der Lokalzeitung lieber selbst sagen: »Wenigstens wissen die Wessis jetzt, wo Zwickau liegt.«

Der ganze Nazi-Mist scheint vor allem eine Image-Frage zu sein und so stoppte Matthias Machnig aus Wimbern im NRW-Kreis Soest – seit 2009 Wirtschaftsminister in Thüringen – erst mal die aktuelle Kampagne »Das ist Thüringen – hier hat Zukunft Tradition«. Der neue Slogan lautet nun: »Gesicht zeigen: Thüringen gegen Nazis!« Mit dem offensiven Blick nach vorn haben Westdeutsche gute Erfahrungen, seit dort auch nach dem Krieg alte Nazi-Streber schnell wieder Gesicht zeigten – als Richter, Minister oder in Geheimdiensten. Besonders zweifelhafte Figuren dieser Ära wie Theodor Oberländer oder Reinhard Gehlen waren – natürlich – gebürtige Thüringer.

Ist das Zufall? Ich fürchte nicht. Ein ehemaliger Spitzel aus Thüringen – zu seiner aktiven Zeit immer mehr NPD- als vertrauenswürdiger V-Mann – beklagte sich vor ein paar Tagen bei mir, sein zuständiger Kontaktbeamter habe bei den regelmäßigen Treffen und nach etlichen Weißbieren immer nur über den drohenden Stellenabbau im Amt und sein Heimweh nach

Bayern gejammert. Oft war der Beamte schon zufrieden, wenn ihm der Spitzel eine NPD-Zeitung vom Kiosk mitbrachte. So leicht lassen sich Westdeutsche von Nazis veralbern. Möglicherweise hatten sie beim Abhören außerdem Probleme mit dem Dialekt. »Dahden statt Worde« (Taten statt Worte) – so die angebliche Parole des »Nationalsozialistischen Untergrunds« (NSU) – kann in falschen Geheimdienstohren schon mal klingen wie »Daten statt Morde«. Und damit es keinen Ärger mit den Dahdenschützern vor Ort gab, brachen sie die Abhörmaßnahmen lieber rechtzeitig ab.

Also mir leuchtet das ein. Mehr jedenfalls als die sinnlose Arbeit von Verfassungsschützern allgemein, die eigentlich nur ein Grundgesetz kennen. Für ihre verschwiegenen Dienste und ihre nachträglichen Ausreden gilt nun zwar gewissermaßen von Amts wegen eine Art »Schnauze Wessi!« Von mir aus hätten sie aber ruhig eine zweite Chance verdient. Natürlich nur im Westen.

Januar 2012

> *»Sie hatten das Paradies geträumt*
> *und wachten auf in Nordrhein-Westfalen.«*
> Joachim Gauck

Erikas Larve

Endlich wird Westdeutschland doch noch gegauckt: Der Mann, den die Stasi »Larve« nannte, soll das Vertrauen in die Demokratie wieder herstellen. Schade drum – um beide. Ein Maskenball.

Es war Karneval in Westdeutschland und während die katholischen Narren noch Witze über Wulff umdichteten, putschte sich in Berlin der nächste ostdeutsche Protestant an die Macht. Natürlich spielte er den Überraschten, gerührt und ungewaschen. Joachim Gauck kennt seine Rolle und weiß, dass sie keine Wahl mehr haben – außer die zweite. Eigentlich – auch da sind sich plötzlich alle einig – war er immer erste Wahl. Und er kann gar nicht anders, als sie anzunehmen. So wie manche jedes Jahr als Cowboy gehen, würde er auch beim dritten oder zehnten Mal als Heiland der westdeutschen Demokratie bereitstehen. Schließlich hat sich auch Jesus von Huren die Füße küssen lassen.

Wie der eifernde Simon in der alten Lukasreportage musste sogar die Ober-Pharisäerin einsehen, dass jetzt nur noch einer übers Wasser gehen kann. Moderne Evangelisten in den Medien legen ihr das wahlweise als Opportunismus oder Kompromissfähigkeit aus. Manche fürchten gar eine scheinheilige Verschwörung dahinter, den endgültigen Beitritt ihres moralisch abgewirtschafteten Landes zum Geltungsbereich ostdeutscher Grundwerte. Aber keine Sorge, das sieht nur so aus. In Wahrheit ist es gegen das, was der Westen noch an Glaubwürdigkeit zu bieten hat, keine Kunst, ein Gauck zu sein. Außerdem – wie gesagt – Fasching.

Was gehört schon dazu, souveräner zu wirken als Wulff, ehrlicher als Guttenberg oder klüger als Ursula von der Leine? Da hätte man auch jeden anderen Ostdeutschen berufen können, der eine Krawatte binden kann und den Arm zum Gruß nicht immer gleich durchstreckt. Nichts gegen Gauck oder eine Jobinitiative 70 plus. Wenn ein Erlöser erwartet wird, kann der eben auch auf einem alten Esel in die Hauptstadt reiten und alle wedeln mit Palmenzweigen. Er selbst hielt das in einem Fernsehinterview vor seiner zweiten Nominierung noch für »ein Armutszeugnis für jede große Institution, wenn sie die 70-Jährigen reaktivieren müsste.« Das vor allem ist die Botschaft seiner Wahl. Mit Ost oder West hat das auf den ersten Blick so wenig zu tun wie Verfassungsschutz mit Staatssicherheit. Auf den zweiten gibt es natürlich – außer vielleicht Rudi Assauer – kaum noch Westdeutsche, die reinen Herzens beteuern können, nie

Payback-Punkte gesammelt zu haben. Der künftige Präsident ist das letzte Aufgebot einer Demokratie, die nur noch er selbst halbwegs glaubwürdig schätzen kann.

Vermutlich rufen Ostdeutsche deshalb nicht ganz so laut Hosianna: »Nur« 62 Prozent, staunen Umfrageinstitute, seien dort für Gauck – weniger als im Westen. Der Rest kann weder hier noch da nur aus alten Stasileuten bestehen. Vielleicht bejubelt die Mehrheit auch nur das kleinere Übel: Besser ein Bürger- als ein Verwaltungsrechtler. Lieber ein undurchschaubarer Mecklenburger als ein durchschaubarer Niedersachse. Womöglich fallen viele Ostler aber auch gar nicht mehr auf den politischen Maskenball rein.

Schon die Stasi führte den Vorgang Gauck unter dem Decknamen »Larve«. Obskure Quellen bringen Angela Merkel hartnäckig mit einer inoffiziellen Mitarbeiterin namens »Erika« in Verbindung. Das mag alles vergifteter Quatsch sein und »Erikas Larve« natürlich auch nur eine geschmacklose Karnevalsanspielung. Aber was weiß man schon genau, wenn man bisher nie alle Akten lesen durfte? Nach eigenen Bekundungen war die eine »selbstverständlich« in der FDJ, der andere »selbstverständlich nicht.« Im Westen bewundern sie das bei der einen als »pragmatisch«, bei dem anderen als »unbeugsam«. DDR-Selbstverständlichkeiten verwirren sie immer noch.

Tatsächlich gehörte als Pfarrer nicht viel Mut dazu, ein bisschen gegen den Staat zu sein. Jeder Punk riskierte damals mehr. Mit etwas Instinkt konnte man sich falsche Freunde auch nach 1989 vom Hals halten, vor allem, wenn man echte hatte. Und selbst wenn Gauck als Chef der nach ihm benannten Behörde ohne Ansehen der Person Akten herausgegeben und bewertet hätte – war das nicht sein Job?

Was ist so besonders »geradlinig« daran, die Freiheit zu lieben, wenn einer aus einem Nazi-Elternhaus stammt, sein Vater von Russen nach Sibirien verschleppt wurde und er auch als DDR-Bürger nach Belieben reisen konnte? Oder daran, sich heutzutage – nur wegen einer Geliebten im Westen – nicht gleich von seiner Ehefrau im Osten scheiden zu lassen?

Ehrlich gesagt nehme ich Gauck sein naives Gerede von Demokratie und Freiheit nach 20 Jahren Westen nicht mehr ab. Wenn etwas mehr davon aus DDR-Zeiten überliefert wäre, irgendein Satz im Präsens vor 1989 – nicht nur im Rückblick und aus der legendenreichen Erfahrung des »Ich-Erzählers« –, dann vielleicht. So wirkt es oft wie aus dem Laienpredigerseminar, zweite Woche. Aber wenn das im Westen gut ankommt – bitte schön!

»Einer für uns« schrieb die westdeutsche Illustrierte *Stern* noch vor seiner Wahl auf ihre Titelseite. Personenkult, wie ihn die DDR nicht viel peinlicher hinbekommen hätte. Was soll man dazu noch sagen – außer Helau?

Februar 2012

»Die Zukunft fängt zu Hause an.«
Ursula von der Leyen, FAS, 15.04.2007

Versorger oder Besorger

Lange ging die Sozialwissenschaft davon aus, Ostfrauen seien im Job und Bett aktiver – die Westfrau dafür am Herd. Nun sollen beide kochen und arbeiten. Ein Plädoyer für das Verwöhnaroma.

Als Kind wurde mir oft mein gleichaltriger Cousin H. vorgehalten. Er konnte schon Schleifen binden, als ich noch auf allen Vieren kroch. Putzte sich unaufgefordert die Nase und verbrannte sich weder an heißem Kakao noch in der Schule den Mund. Ständig durfte ich mir bei H. »eine Scheibe abschneiden«, aber wie eine Wunder-Salami wuchs er immer wieder über mich hinaus. Ungefähr so – und das meine ich diesmal überhaupt nicht gehässig, sondern voller Mitgefühl und Wehmut – muss es Frauen im Westen gehen, seit sie sich permanent ein Beispiel an Ost-Frauen nehmen sollen. Im Bett. Im Beruf. Als Quotenfrau oder Rabenmutter mit Job.

Zum Internationalen Frauentag – im Westen auch als »Weltfrauentag« oder gar nicht bekannt – würde ich gern mal darauf aufmerksam machen, wie schade und ungerecht das ist: Düsseldorfer Vollzeit-Mütter oder hauptberufliche Ehefrauen in Hamburg bekommen in der Regel nicht nur weniger Respekt für das aufreibende Management von Haushaltshilfen und Kinderyoga als alleinerziehende Nagelstudio-Besitzerinnen in Cottbus oder Köpenick, sondern später auch kaum Rente. Selbst wenn sie voll arbeiten, verdienen sie im Durchschnitt 22 Prozent weniger als ihre männlichen Kollegen – fast so wenig wie Männer im Osten! So ein skandalöses Lohngefälle (zwischen den Geschlechtern) gibt es laut einer OECD-Studie in keinem anderen Land Europas. Wie in den finsteren Zeiten Hermann Görings oder Eva Hermans werden Westfrauen konsequenterweise auch immer noch lieber am Muttertag geehrt. Statt mit Kreuz und Orden reduziert man sie heute zwar nur mit ein paar Stiefmütterchen auf diese Rolle, aber man darf die Hinterwäldler dieser Republik – bei allem Mitgefühl für ihre Frauen – auch nicht überfordern.

Im Moment, so scheint es, will man im Westen nach knapp hundert Jahren Frauenwahlrecht alles auf einmal nachholen. Plötzlich wollen hunderte Journalistinnen Chefredakteur werden – dabei gibt es selbst in Hamburg oder Offenburg gar nicht mehr so viele Strick- und Klatschzeitschriften. Auf allen Kanälen machen sie Quotendruck und sich gegenseitig Mut: »Yes, she can« heißt es da wie unter Selbsthypnose. Sonst eher bissig bei gleichgeschlechtlicher Konkurrenz verraten sie im *Stern* sogar ihre *Erfolgsgeheimnisse – wie Frauen gewinnen*. Vor Eifer übersehen sie oft, dass bei ihnen erst 1976 die gesetzliche »Hausfrauen-Ehe« abgeschafft wurde. Bis dahin durften Ehefrauen im Wunderwirtschaftsland nur berufstätig sein, wenn sie ihre familiären Pflichten trotzdem nicht vernachlässigten. Und nun – nur 36 Jahre später – sollen sie auf einmal Familie und Beruf miteinander vereinbaren?

Plötzlich sollen ihre Kinder schon mit drei Jahren in fremde Obhut – und sie selbst als Elite-Soldatinnen die ostdeutsche Unterschichtenarmee im Ausland verstärken. Sie sollen über Nacht so flexibel sein wie DDR-Eiskunstläuferinnen, die sich mal im FDJ-Hemd von der DDR instrumentalisieren lassen, aber genauso souverän als Dirndl-Maskottchen die Münchner Olympiabewerbung vermasseln. Sie sollen sieben Kinder haben und trotzdem mehr auf die Reihe kriegen als Ursula von der Leine, der seit der Abschaffung des Blindengeldes 2005 in Niedersachsen – und selbst das gibt es inzwischen wieder – kaum noch ein Rührkuchen gelingt. Nach Internet-Zensur und »Bildungs-Karte« fliegt ihr demnächst auch noch der Rechtsanspruch auf Kita-Plätze um die Perlenohrringe, aber sicher hat sie schon ein neues Projekt in petto. Wie wäre es zum Beispiel mal mit einer gesetzlichen Erfolgsquote für Ministerinnen?

Damit nicht genug: Gleichzeitig soll die moderne Westfrau auch noch die verklemmten Schließmuskeln ihrer Erziehung lockern und von Charlotte Roche lernen, wie man einen ungewaschenen älteren Mann oral »bedient«, ohne »dass sich die Hodenleiter verdrehen.« So stellt sich die Autorin in ihrem letzten Buch jedenfalls die Emanzipation von ihrer »feministischen Mutter« vor, die ihr beibrachte, dass Sex etwas Schlechtes sei.

Das alles ist – dafür muss man sich nur noch mal die prompt folgende Porno-Debatte zwischen ihr und Alice Schwarzer oder eine alte Dr.-Oetker-Werbung anschauen – einfach zu viel verlangt. Eben noch durfte »das neue Kleid ruhig 100 Mark mehr kosten – oder sagen wir fünf.« Vorausgesetzt, »sie« benutzte das richtige Backpulver. Und 2011 werfen sich die Feminismus-Ikonen zweier Generationen immer noch gegenseitig Altbackenheit vor. Selbst wenn sie erst 30 Jahre alt sind, stecken sie im Westen noch in den verklemmt unverklemmten siebziger Jahren fest. Männer wie Frauen. Entweder oder, Quote oder Herdprämie, Job oder Blowjob – das sind dort offenbar nach wie vor die wichtigsten Fragen.

Ihren Mädchen redeten sie damals ein, sie müssten wie Jungs durch die Kinderläden marodieren, und ihren Jungs, dass sie ruhig auch mal aus Angst vor der atomaren Ost-Bedrohung weinen dürfen. Das führte dazu, dass heute im Westen nur noch verweichlichte Männer das Geld nach Hause bringen und an Depressionen leiden, weil sie nicht stillen können – falls ihre Frauen vor lauter Männergehabe, Burn-out und Karrierefrust überhaupt noch Kinder bekommen. Wie im stets schlechteren Remake eines alten Films sind die Rollen trotz neuer Besetzung und ein paar ablenkenden Spezialeffekten gleich geblieben.

Bis in die achtziger Jahre überzeugte die West-Schwiegertochter »seine Mutter« mit dem Verwöhnaroma. Da hat unsereins schon mindestens einmal im Jahr, nämlich am Frauentag, den ganzen Frühstückstisch allein gedeckt. Die Ostfrau hatte es nie leichter – im Gegenteil: Sie musste trotz Haushaltstag und Frauenruheraum einfach doppelt stark sein, was wiederum ihre Töchter und vielleicht auch ein paar Söhne zu mehr Selbstständigkeit ertüchtigte. Im West-Werbefernsehen dagegen waschen bis heute nur West-Werbe-Mamas verschmutzte Fußball-Shirts und zücken zwischendurch jederzeit *Toffifees*, während arbeitslose Männer im Osten den Haushalt schmeißen, weil ihre Frauen wenigstens noch einen 400-Euro-Job bei einem Drogerie-Discounter haben. Die westdeutschen Billig-Pralinen liegen bei ihnen höchstens mal unterm Weihnachtsbaum. Und doch steht die Ostfrau – wie man so schön sagt – ihren Mann, ohne einer sein zu müssen. Umgekehrt leider auch.

In schwachen Momenten, beim Bügeln oder wenn ein gesamtdeutscher Elternabend droht (siehe *Schnauze Wessi: Das Duell der Dinkelkekse*), hätte ich auch gern eine Westfrau zu Hause. Bei den äußeren Geschlechtsmerkmalen soll es, was ich allerdings nur vom Hörensagen weiß, (siehe *Schnauze Wessi: Sex im Dunkeln*) keine großen Unterschiede geben. Dafür feilen sie angeblich hart an ihren inneren Werten und ergründen ihre Selbstzweifel zum Beispiel bei sogenannten Familienaufstellungen, bilden sich im Salsa oder um die Wette hechelnd bei Rebirthing-Sitzungen fort. In Leipzig kenne ich sogar eine mitgebrachte Beamtenfrau, die alle zwei Wochen zum Ganzkörper-Waxing geht, aber trotzdem nicht auf die Buschzulage ihres Mannes verzichten will. Sonst müsste sie womöglich selbst arbeiten.

Es mag oft anders wirken, trotzdem paaren sich West-Frauen und ihre Männer auch nicht mit den Ellbogen. Vielleicht lieben und respektieren sie einander sogar, auf ihre Weise. Erst gestern habe ich mich mit meiner Frau fast gestritten, was so schlimm daran sei, wenn auch mal etwas beim Alten bliebe: Die Westfrau, sagte ich, sucht sich eben einen Mann, der sie versorgt, die Ostfrau einen, der er es ihr besorgt. So kommt sich niemand ins Gehege. Lass uns das mit dem Verwöhnaroma doch auch mal ausprobieren! Und was sagt meine Frau? Zu mir?! *Schnauze Wessi!*

8. März 2012

> *»In zwanzig Jahren
> wirst du mehr enttäuscht sein über die Dinge,
> die du nicht getan hast,
> als über die Dinge, die du getan hast.«*
> Mark Twain

Werden Sie Ex-Bürgerrechtler!

Sie waren nicht gern bei der Waffen-SS oder haben zu DDR-Zeiten auch mal die Faust in der Tasche geballt? Beste Voraussetzungen für eine glänzende Karriere. Eine Berufsberatung.

Viele Jahre konnte man Westdeutsche wunderbar damit ärgern, wenn man immer noch unverblümt anders war oder wenigstens so tat – und seine »Diktatur-Erfahrung« wie einen unteilbaren Schatz vor sich hertrug. Was die einen gern »Identität« nannten, war den anderen nie ganz geheuer. Sie benutzten deshalb – oft mit hochgezogener Augenbraue – lieber das Wort »Befindlichkeit« und ermahnten allzu selbstbewusste Besserwisser aus dem Osten zunehmend gereizt, dass dies nun langsam wirklich keine Rolle mehr spielen sollte. Bis sie ausgerechnet so einen und – damit nicht genug – auch noch genau deshalb zum Präsidenten wählten.

Seitdem gilt es nicht mehr als ewig gestrig, die eigene DDR-Biografie zu betonen. Umbruchs- und – immer daran denken! – »Diktatur-Erfahrungen« sind gefragt wie nie und beflügeln unerwartete Karrieren. Selbst mich lädt man neuerdings ständig ein, Westdeutschen die sogenannten Leviten zu lesen. Vielleicht weil ihr ehemaliger Lieblings-Leviten-Leser plötzlich echten Leviten seine verschwiemelte Leviten-Lyrik vorträgt und deshalb überall ausgeladen wird. Oder weil ihr ehemaliger Lieblings-Bürgerrechtler nicht mehr so viel Zeit für Lesungen hat. Jedenfalls kann ich allen ostdeutschen Landsleuten – sofern sie nicht gerade aus Danzig stammen und überhaupt noch irgendwelche beruflichen Ambitionen haben – nur raten, den Trumpf der »Diktatur-Erfahrung« beim Arbeitsamt, in Bewerbungen oder auch beim Flirt mit der Quoten-Chefin aus dem Westen wieder öfter auszuspielen.

Es kommt dabei nicht so sehr darauf an, was man vor 1945 oder 1989 getan oder gelassen hat, sondern vielmehr auf das, was man heute daraus macht: Haben Sie früher mal einen Honecker-Witz erzählt? Behalten Sie das bloß nicht länger für sich! Wurden Sie freiwillig zur Waffen-SS oder den Jungpionieren eingezogen – beantragen Sie eine Opferrente! Waren Sie Punk im Dritten Reich oder hatten als Grenzsoldat vor, im Zweifel daneben zu schießen – lassen Sie sich für das Bundesverdienstkreuz vorschlagen! Falls Sie sich zu Weihnachten sogar mal in eine Kirche geschlichen haben – erzählen Sie in Talkshows unbedingt von ihrer

Todesangst, Sie hätten dort andere SED-Genossen treffen können!

Alles, was Menschen ohne »Dikatur-Erfahrung« normal, grotesk oder im Detail – umso besser! – unverständlich vorkommt, zeichnet Sie im Rückblick als heimlichen Widerstandskämpfer aus. Sie bringen aus totalitären Unrechtstaaten praktisch von Haus aus mit, was man im totalen Rechtsstaat händeringend sucht: Mut oder Demut, angepasste Unangepasstheit oder integere Integrationsleistungen. Wie der oft gelobte Merkel-Pragmatismus sind das im Westen offenbar alles derart exotische Eigenschaften, dass es jeder mit seinem individuellen Päckchen aus FDJ-, HJ- und – richtig! – »Diktatur-Erfahrung« – weit bringen kann, wenn er ein paar Regeln beachtet:

Streifen Sie zuerst Ihre Vergangenheits-Komplexe ab und setzen Sie sich möglichst öffentlich damit auseinander! Sagen Sie, was Sie denken – das finden Westdeutsche »erfrischend«. Denken Sie außerdem, was Sie sagen – das halten sie für »glaubwürdig«. Sagen Sie Sätze wie: »Widerstand ist nicht, Widerstand wird.« Das hört sich in ihren Ohren wie »Klartext« an. Sprechen sie aus, »was gesagt werden muss«, aber protestieren Sie auch als alter Protestant und neuer Bundesprediger nie lauter als zu DDR-Zeiten.

Heute wie damals sind klare Bekenntnisse zu den herrschenden Bedingungen gefragt. Legen Sie deshalb stets Wert darauf, ein »ehemaliger Bürgerrechtler« genannt zu werden, denn aktive braucht ein bürgerlicher Rechtsstaat selbstredend nicht. Ohne Zusätze wie »Ex«

oder »früherer« gelten Sie auch im Westen schnell als Querulant. Am besten kommt an, wenn Sie Ihr politisches Coming-Out erst nach 1945 hatten und auch aus der Zeit vor 1989 keine großen Heldentaten bekannt sind, die zu einem Umsturz hätten führen können. Distanzieren sie sich vorsichtshalber deutlich von »albernen« (Gauck) Nachahmern wie der sogenannten Occupy-Bewegung, Harz-IV- oder Stuttgart-21-Gegnern.

Lassen Sie sich nicht verunsichern, wenn ausgerechnet Ihre eigenen Landsleute nicht so laut jubeln wie Menschen ohne »Diktatur-Erfahrung«. Womöglich werden sogar ein paar ewige Dissidenten meckern, dass Sie gar kein echter Ex-Bürgerrechtler sind, weil Sie nie im Knast saßen oder sich trotz staatlicher Schikane zu oft rasiert haben. Denken Sie immer an die glatte Haut von Gandhi oder zu Guttenberg. Als ehemaliger Bürgerrechtler müssen Sie sich weder rechtfertigen noch Doktorarbeiten verteidigen. Es ist nur ein Ehrentitel – von Westdeutschen verliehen. Wer will Ihnen ohne Stasi-Karteikarte heute das Gegenteil beweisen?

Ärgern Sie sich nicht, wenn es mit höheren Ämtern oder Nobelpreisen nicht gleich im ersten Anlauf klappt! Zweite Wahl zu sein, sind Sie gewöhnt, es ist Ihr Vorteil. Konzentrieren Sie sich auf ein Thema wie »Freiheit« oder »Schuld«, damit Sie sich in Reden und Gedichten nicht verzetteln. Falls man das kritisiert, erwähnen Sie auch mal alle anderen: Gewerkschafter, Alt-68er, Migranten – möglichst große Gruppen. Nur »nahe und mittlere Ossis« besser nicht. Der Westen wird Sie dafür lieben.

Aber Vorsicht! Fallstricke lauern überall: Stellt man Ihnen zum Schein eine ehrenvolle Mitbewerberin in den Weg – seien Sie höflich zu Ihr, sonst haut sie Ihnen später womöglich eine runter! Loben Sie nie den »Mut« (Gauck über Sarrazin) der falschen Leute, selbst wenn Sie sich für Hobbygenetik interessieren! Vermeiden Sie bestimmte Themen besser ganz, auch wenn es in dieser doppelt meinungsfreien Gesellschaft natürlich keine Tabus gibt. Notfalls reden Sie sich – genau! – mit Ihrer »Diktatur-Erfahrung« heraus.

Anfangs mögen Pathos und Parolen Sie peinlich berühren und an alte Zeiten erinnern. Vielleicht ist Personenkult nicht mal das, wovon Sie am Anfang Ihrer Dissidenten-Laufbahn träumten. Genießen Sie ihn! Drücken Sie Ihre gütigen Bürgerrechtleraugen zu! Verwandeln Sie den Makel Ihrer Herkunft in die Mindestvoraussetzung für jeden angestrebten Posten! Häuten Sie sich wie eine Zwiebel, aber sagen Sie nicht zu viel zu jedem Thema – höchstens, was dazu gesagt werden muss: *Schnauze Wessi!*

April 2012

> »Bevor man bei sich selbst eine Depression
> oder geringes Selbstwertgefühl diagnostiziert,
> sollte man sicherstellen, dass man nicht in Wahrheit
> nur von lauter Arschlöchern umgeben ist.«
> William Gibson

Das Lafontaine-Paradoxon

Ob beim Einkaufen oder in Parteivorständen – überall gibt es Leute, die sich vordrängeln. Sie sind selten beliebt, meist aus dem Westen, aber – auf ihre Art – seltsam erfolgreich. Ein Irrtum.

Seit ein paar Wochen verkauft Matthias – so steht es jedenfalls auf seinem Ausweis – vor unserer Kaufhalle die Leipziger Straßenzeitung *Kippe*. Er macht das gut, spricht die Leute offensiv an: »Wenigstens eine Spende« bekommt er immer. Auch von mir, obwohl er aus Dithmarschen stammt, wie er neulich verriet. Das sei bei Sylt, schob er vorsichtshalber nach, beinahe stolz. Aber gerade, als ich fragen wollte, warum er »in Leipzig gestrandet« sei – so seine vage Formulierung –, hatte er schon mit den nächsten Kunden zu tun.

Vermutlich verkauft er hier mehr Zeitungen. Nicht nur weil die Sachsen gern geben, sondern weil er sich auch selbst besser verkauft als einheimische Kollegen. Daran ist nichts auszusetzen: Warum sollen Westdeutsche – wenn ihnen schon alle Häuser gehören – nicht auch auf der Straße erfolgreicher sein?

Es ist nur konsequent und überall das Gleiche: auf Arbeit (*sie* würden »in der Arbeit« sagen), beim Elternabend oder unter den Wochenendfußballern, zu denen ich ab und zu gehörte. Es ging eigentlich um nichts, bis eines Tages ein Neuer – kein Tormann, aber offenbar noch nicht lange in Leipzig – dazu kam, der Anschluss suchte und natürlich mitspielen durfte. Wenig später hatten wir einen Kapitän, der eine Mannschaft »formen«, auch mal bei Turnieren spielen und »das alles etwas ernsthafter« angehen wollte. Ein paar von uns ließen sich anstecken, andere hörten auf. Der Spaß war weg, dafür nahmen die blauen Flecken zu. Einmal beim Duschen habe ich sogar seine gesehen: Rund um den Ellenbogen – ein einziges Hämatom. Manchmal können sie einem fast leidtun.

Leider sind es oft nicht die Klügsten, Besten oder Fähigsten, die am lautesten schreien, vor Ehrgeiz platzen und aus allem einen Wettbewerb machen. Noch öfter – das kann aber auch an meiner beschränkten Perspektive liegen – sind es keine Ostdeutschen, die sich damit gerade hier austoben. Möglicherweise – auch da entsteht schnell ein verzerrtes Bild – fallen sie bei sich zu Hause unter lauter gleich lauten und fähigen Menschen nur nicht weiter auf. Unter uns Leisetretern umso mehr: Schauen Sie sich in Ihrer natürlichen Umgebung ruhig mal um! Ob westdeutsche Bürgersöhnchen in Berlin den 1. FC Union plötzlich zu ihrem »St. Pauli« machen oder Erstsemester in Jena den Fachschaftsrat übernehmen, ob sie sich nach drei Gottesdiensten in ihrer neuen Gemeinde in den Kirchenvorstand putschen, in einer Mecklenburger Hippie-Kommune erst ganz normal die Bäume umarmen und dann das Plenum dominieren oder bei Kindergeburtstagen die Spirale des Wettrüstens um »Events« und »Locations« immer weiter drehen. Auf den Erstschlag kommt es ihnen an, nicht auf läppisches Topfschlagen. Sie kommen, sehen und siegen. Im schlimmsten Fall bleiben sie sogar. Sie können nicht anders. Sie sind so erzogen. Aber entschuldigt das alles?

Die moderne Karriere-Soziologie nennt dieses Phänomen das Lafontaine-Paradoxon: Polternde Menschen, die irgendeinen hoffnungslosen Verein entern und dabei so tun, als hätten alle nur auf sie gewartet. Die anfangs zwar versuchen, ihre wahren Absichten zu verbergen, aber das selten durchhalten, weil es ihre Persönlichkeitsstruktur gar nicht erlaubt.

Trotzdem dachten viele lange, Oskar Lafontaine wäre nur frustriert von seiner alten Hartz-IV-Partei gewesen, von der Bombardierung fremder Länder, vielleicht auch vom Saarland und noch eitleren Parteiführern – alles gute Gründe, in die PDS überzulaufen. Doch erst vor Kurzem haben ihm Klatschblätter die Maske vom Gesicht gerissen: In Wahrheit ging es dem alten Mann nur um Sahra Wagenknecht, das derzeit schönste Gesicht des Sozialismus. Greise Saarländer scheinen eine

Schwäche für die jeweils aktuelle Trägerin dieses Titels zu haben, egal wie deren Partei gerade heißt.

Nun wird die ehemalige SED nach Gesine Lötzsch bald die nächste Spitzenkraft an die private Altenpflege verlieren. Das ist umso dramatischer, weil es mit der Partei ohnehin bergab geht, seit sich die westdeutschen Lafontaine-Truppen überproportional aufspielen und lieber über Nahostpolitik streiten als über die Zustände im noch näherliegenden Osten. Ihre einfach Formel war immer: Politik + Osten = Posten. Manchmal sieht es sogar so aus, als würde sich die sogenannte Linke bald wieder spalten. Das wäre mal ein Signal! Eine PDS für Westdeutsche gibt es zwar schon. Die war früher auch mal für Frieden und gegen Auslandseinsätze, aber die alten DKP- und DGB-Funktionäre aus Bayern oder Hessen könnten ja jetzt auch bei den Piraten Karriere machen, vielleicht sogar noch schneller. Die nehmen jeden, der schon mal etwas im Internet – Achtung, neue Formel: Politik + Osten! – postet.

Wie bei jedem Gift ist vermutlich alles eine Frage der Dosis: Ein paar Westdeutsche – beim Aufbau-Ost, in jeder Partei oder bestimmten Berliner Stadtbezirken – wirken vielleicht noch als Arznei und stärken das Immunsystem. Sobald es aber zu viele werden, versagen die natürlichen Abwehrkräfte. Sogar bei ihnen selbst, wie ein Möchtegern-Mecklenburger im ehemaligen Urlaubsparadies des ehemals werktätigen Volkes beweist. Leider kann ich mir seinen Namen nicht merken. Er heißt Sellerie oder so ähnlich und kam 1994 als Richter in die neue

Kolonie. Sechs Jahre später war er Minister, seit 2008 regiert er Deutsch-Nordost und war sich für seine Wiederwahl zum Gouverneur nicht zu blöde, der wenigstens dem Namen nach lange einzigen demokratischen Republik Deutschlands in einem Interview mit der *FAZ* ihren wohlverdienten Status als »totalen Unrechtsstaat« abzuerkennen.

Für einen Juristen aus Sprockhövel in Nordrhein-Westfalen war das eine ziemlich kühne Kuschelthese, brachte ihm natürlich im Westen viel Kritik ein, aber reichte in Mecklenburg-Vorpommern immerhin für 35 Prozent der Stimmen – bei 52 Prozent Wahlbeteiligung. Man könnte auch sagen, nur jeder dritte von jedem zweiten Eingeborenen, der überhaupt noch wählen geht, wollte ihn. Praktisch jeder Sechste: 16 Prozent! So viel hätte der SPD-Mann sicher auch zu Hause in NRW bekommen oder jeder obdachlose Zeitungsverkäufer im Saarland, vielleicht sogar ich – als ostdeutscher Pirat in Schleswig-Holstein. Dafür würde ich auch glatt mal behaupten, der Westen sei kein totaler Unrechtsstaat – und einem wie Sellerie eine zweite Chance für einen beruflichen Neuanfang geben. Natürlich nur dort.

Mai 2012

»Oh Wessi, du hast bessere Zeiten gesehn.
Oh Wessi, warum muß die Welt sich drehn ...
Manfred Maurenbrecher, Wessi

Schlamperei und Schlendrian

Als westdeutsche Bürgermeister den Solidarpakt kündigen wollten, wurde das viel zu schnell als dümmlicher Wahlkampf abgetan. In Wahrheit ist alles noch schlimmer: Kein Wunder.

Wochenlang konnte der Verlag in Gütersloh – immerhin Teil eines weltweiten Medien-Konzerns – mein kleines Büchlein nicht liefern. Nur unterm Ladentisch war *Schnauze Wessi* noch zu bekommen. Bückware gewissermaßen. Und ich dachte schon an Sabotage, Zensur und Samisdat-Romantik, als man mir mitteilte, dass in der Druckerei das richtige Papier fehlte. Selbst wenn das nur eine Ausrede war, weil man die Nachfrage zum wahren Zustand der innerdeutschen Einheit unterschätzt hatte, staunte ich, wie schamlos sich die sogenannte Markt- neuerdings zur Mangelwirtschaft bekennt.

Vielleicht müssen wir uns sogar ganz von dem Gedanken verabschieden, es sei wenigstens in Konsumfragen das bessere System. Jeden Tag liest man in der Zeitung von Misswirtschaft, Stillstand und Schlamperei. Von knappen Ressourcen und fehlendem Geld für Hüftgelenke oder die Hamburger Elbphilharmonie. Dabei gibt es dort nicht mal anerkannte Spitzenorchester wie in Dresden oder Leipzig. Stattdessen berichtet eine Nachrichtenseite mit dem bezeichnenden Titel *Der Westen* nur mäßig empört über den Fall eines Angestellten der Stadt Meppen, der 14 Jahre lang keinen Handschlag für sein Gehalt tat und sich zum Abschied in den Ruhestand auch noch darüber beklagte.

Die Menschen, so trösteten sich schon enttäuschte Kommunisten vor 22 Jahren, seien eben noch nicht reif für gesellschaftliche Experimente. Seit die Konkurrenz vor der Haustür fehlt, geht es auch mit dem real existierenden Kapitalismus nur noch bergab. Bummelei und Schlendrian potenzieren sich dabei durch systemimmanente Raffgier. Egal, könnte der Osten sagen, selbstgerecht zuschauen oder auch mal ein paar Euro spenden. Nur lassen sich die Auswirkungen leider auch durch Milliardenkredite nicht regional – etwa auf das Ruhrgebiet – begrenzen.

Wenn selbst Rumänen keinen Opel aus Bochum mehr kaufen wollen, betrifft das irgendwann auch die billige Werkbank in Eisenach. Wer – außer mir – fragt außerdem mal, woher eigentlich die genialen Planer stammen, die sich beim Berliner Flughafenneubau um ein, zwei oder 21 Jahre vertan haben? Da ist zwar immer süffisant vom »größten Infrastrukturprojekt Ostdeutschlands« die Rede, aber nur beiläufig kolportieren West-Berliner Zeitungen wie der *Tagesspiegel*, dass der Baustellen-Chef jeden Freitag Punkt ein Uhr den Bleistift fallen ließ, um nach Hause ins Rheinland zu fliegen. Wie betrunkene Hilfsmaurer in einem DDR-Bau-Kombinat schieben Politiker und namhafte Architekten aus Hamburg und Frankfurt am Main nun die Verantwortung hin und her. Auf einmal – wer hätte so viel Ehrlichkeit erwartet – kommt aus dem Westen nicht mal mehr heiße Luft.

Eher grenzt es an Arbeitsverweigerung, wie Münchner Fußballprofis Elfmeter ausführen. Oder wie die westdeutschen Stadtverwalter von Leipzig mehrere Hundert angeblich »herrenlose« Grundstücke verscherbeln ließen, ohne auch nur den Versuch zu unternehmen, die Besitzer zu ermitteln. Zufällig traf es vor allem einheimische Erben, deren Eigentum – selten genug – sowohl die DDR als auch die Wildwest-Jahre danach überlebt hatte. Wollen Sie wissen, woher die Juristen kamen, die diese Deals abwickelten? Wer im Rathaus geflissentlich wegsah? Womöglich den einen oder anderen Tipp gab oder bekam, wem die Grundstücke heute gehören? Besser nicht.

»Unabhängige Experten« und Staatsanwälte aus dem Westen sollen nun klären, ob ein Nachlass-System oder nur systematische Nachlässigkeit dahinter steckte. Vermutlich aber hielten sich alle Beteiligten nur konsequent an das Bürgerliche Gesetzbuch, dessen Paragraf 964 schon als Vorbild für den Einigungsvertrag und damit der flächendeckenden Enteignung diente: »Ist ein Bienenschwarm in eine fremde besetzte Bienenwohnung eingezogen«, heißt es dort, »so erstrecken sich Eigentum und sonstige Rechte an den Bienen, mit denen die Wohnung besetzt war, auf den eingezogenen Schwarm.« (Vgl. hierzu auch Seite 29: »*Arschlochfreie Zone*«)

Und da jammern SPD-Bürgermeister aus Oberhausen oder Essen, weil bei ihnen ein paar Schwimmbäder schließen, Halle an der Saale jedoch jährlich 50 Millionen Euro für Kultur ausgibt? Na und?! Die einen sparen eben an Hygiene, die anderen setzen auf Kultur. Mit den drückenden Schulden, die der Westen in den fetten Jahren vor 1990 anhäufte, hat das so wenig zu tun wie der Solidarpakt mit dem Solidaritätszuschlag, was in diesem Zusammenhang immer wieder – leider auch vom *Stern* (»Umfrage: Soli auch für arme Westregionen?«) – verwechselt wird. Oder – um den unverdächtigen japanischen Fußballkommentator Kiyoshi Inoue während der WM 2006 zu zitieren: »In Dortmund sieht man noch deutlich, dass hier früher das kommunistische Ostdeutschland war.«

Im Ergebnis erkennen unabhängige Beobachter offenbar keine großen Unterschiede, welches System nun zuerst versagt hat. Allein der Westen macht sich und seinen Leuten weiter etwas vor. Ihm fehlt die lässige Selbstironie, mit der Ostdeutsche wenigstens rückblickend ähnliche Lebenslügen konstatieren, die »Sechs größten Wunder der DDR« zum Beispiel: »Obwohl keiner arbeitslos war, hat nur die Hälfte gearbeitet. Obwohl nur die Hälfte arbeitete, wurde der Plan immer erfüllt. Obwohl der Plan immer erfüllt wurde, gab es nichts zu kaufen. Obwohl es nichts zu kaufen gab, waren fast alle zufrieden. Obwohl fast alle zufrieden waren, gab es oft Großdemonstrationen. Obwohl man oft demonstrierte, wurde die Regierung immer mit 99,9 Prozent wiedergewählt.«

Davon ist selbst Nordrhein-Westfalen noch weit entfernt, aber die einfachen Menschen geben auch dort ihr Bestes: In Gütersloh kratzten sie für eine Verlosung im Fernsehen die letzten Presse-Exemplare aus den Verlagsregalen. Inzwischen drucken sie vorsichtshalber die vierte Auflage, damit sich jeder Westdeutsche für 14,99 Euro beleidigen lassen kann. Dabei kann man es online auch weiter umsonst haben: *Schnauze Wessi!*

Mai 2012

> *»Klar bin ich eine Ostfrau!«*
> Martina Rellin,
> Bestseller-Autorin aus Hamburg

Was denn nun: Herd oder Quote?

Eben noch rotteten sich westdeutsche Frauen für mehr Chefposten zusammen. Nun sollen sie wieder Rezepte tauschen und dafür staatliches Haushaltsgeld bekommen. Ein Backslash.

Als es vor drei Monaten überall um Quoten und Benachteiligung im Job ging, um Minderheiten in Chefetagen und grundsätzlich schlechtere Bezahlung, dachte ich zuerst, die Rede sei von Ostdeutschen. Leider war es nur eine kurze Kampagne rund um den Frauentag. Statt mehr Einfluss, eines Vorstandsgehalts oder wenigstens einer entsprechenden Quote soll es nun bald das sogenannte Betreuungsgeld geben. Läppische, wenn nicht in Kern und Höhe frauenverachtende 150 Euro. Bei allem Verwöhnaroma (siehe Seite 81: *Versorger oder Besorger*), liebe *Toffifee*-Muttis: Ebenso gut hätte man Taliban-Frauen als Integrationsbeihilfe im deutschen Asyl erst mal einen Burka-Zuschuss versprechen können.

Es mag einer gewissen Logik entsprechen, dass vor allem West-Mütter, die sich diesen Luxus leisten können, auch noch dafür belohnt werden. Vermutlich aber ist der familienpolitische Backslash nur die reaktionäre Reaktion auf das laute Gekreische im Quotenfrühling 2012. Ein Zeichen der Zeit, in der eine uneheliche »Frau Gauck« zwar First Lady werden kann, aber sich danach eben auch nur noch um die Deko im Schloss Bellevue kümmern darf. Eine berufstätige Hessin – selten genug und damit doppelt anachronistisch – gibt ihre Unabhängigkeit ausgerechnet für einen Mecklenburger Rentner auf, weil der mit 72 noch mal Karriere machen will!

Dabei kennt es der neue Bundesprediger selbst anders. Ohne Ansehen der äußeren Geschlechtsmerkmale überließen wir Funktionen in der FDJ gern strebsamen Mädchen wie Angela Kasner. Es gab weder Milchquoten, noch scherte sich das DDR-Fernsehen darum. Insofern versteht hier auch kaum jemand, wozu eine Frauen-Quote gut sein soll, solange sie bei *Frauentausch* auf RTL2 stimmt. Symbolische Almosen oder halbherzige Phrasen von Gleichberechtigung helfen wenig; damit haben ostdeutsche Frauen und Männer seit 22 Jahren ausreichend Erfahrung.

Als quasi von Haus aus wenig ambitionierter Hilfsarbeiter mit Ostgehalt kann ich es deshalb nur begrüßen, dass auch der Verlag, in dem ich als Journalist arbeite, noch mehr Frauen in Führungspositionen unterbringen möchte. Hamburger Kollegen dagegen machen sich, natürlich nur hinter vorgehaltener Hand, echte Sorgen um ihre Karriere; manche denken über eine Geschlechtsumwandlung nach: Da haben sie jahrelang ihre Familie vernachlässigt, sich den Arsch aufgerissen, um in fremde zu kriechen – und nun sollen Frauen, so will es angeblich das verlagseigene Projekt *Female Factor*, bei gleicher Eignung »bevorzugt berücksichtigt« werden! »Gilt das sonst nicht nur für Schwerbehinderte?«, flüstern sie auf dem Männerklo und machen sich gegenseitig mit Zitaten aus dem Grundgesetz Mut, wonach niemand »wegen seines Geschlechtes benachteiligt werden« darf.

Weil aber auch im Westen nie mehr alles so schön und einfach wie früher ist, unterschreiben vorsichtshalber auch Männer bei der Journalistinnen-Initiative *ProQuote*. Dort wird beklagt, dass »nur zwei Prozent aller Chefredakteure der rund 360 deutschen Tages- und Wochenzeitungen Frauen« sind und dieses Jahr keine einzige einen »Henri-Nannen-Preis« bekam. Ihr Fünf-Jahre-Plan sieht nun eine 30-Prozent-Quote vor, zumindest bei Chefposten. Und ich frage mich, ob es eigentlich sehr jammerostig wirken würde, wenn Ostdeutsche irgendwann Ähnliches fordern würden? Sei es auch erst mal nur eine Wunschquote von zwei Prozent für Ost-Chefs bei Ost-Zeitungen – zur Not auch für ostdeutsche Chefredakteurinnen.

Stattdessen lesen die unterdrückten Schwestern im Westen auch noch bei *stern.de*, der Osten sei »das gelobte Land für Frauen, die Karriere machen wollen.« Hier säßen – von westdeutschen Männern mal abgesehen –

schon viel mehr Frauen am Hebel als im traditionellen Hinterwald der Republik. Nicht bei *Schlecker*, sondern zum Beispiel als Rektorin an der Leipziger Hochschule für Grafik und Buchkunst – im Westen eher als *Neo-Rauch-Akademie* bekannt. Nach Universität und Technischer Hochschule war das in kurzer Zeit schon die dritte Berufung einer Frau an die Bildungs-Spitze der Heldinnen-Stadt. Die Damen kommen zwar aus Hannover, Osnabrück und Gelsenkirchen, aber so trägt ihre Karriere im Osten nicht nur dort zu einer fast natürlichen Quote bei, sondern auch zu einer gewissen Entspannung im westdeutschen Geschlechterkampf. An der zuständigen Staatsministerin für Wissenschaft und Kunst in Sachsen lag es nicht. Sie ist zwar selbst in Köln geboren und in München aufgewachsen, gilt laut Wikipedia sowohl als Expertin für Menschen- als auch für Frauenrechte, aber nach ihrer Auffassung erfüllte eine Kandidatin offenbar »nicht die Voraussetzungen« für eine Ernennung, die auch laut Beamtenrecht »ohne Rücksicht auf Geschlecht, ethnische Herkunft« oder gar »sexuelle Identität« zu erfolgen hat.

Doch mit Herkunft oder Sex hatte der Fall gar nichts zu tun. Die Kandidatin aus dem Rheinland galt nach einer Krankheit als geheilt, aber noch als »behindert« – und ließ die Bedenken gegen ihre Verbeamtung in Sachsen schließlich gerichtlich ausräumen. Es ist also mitnichten so, dass Frauen, Behinderte oder Westdeutsche bei gleicher Eignung immer bevorzugt werden – ja, nicht einmal westdeutsche, behinderte Frauen. Sie klagen auch nicht alle darüber, sondern klagen sich einfach in den Job.

Manchmal stelle ich mir vor, wie Christine Lieberknecht – die nach fast drei Amtsjahren immer noch weitgehend unbekannte Ministerpräsidentin von Thüringen – und die etwas bekanntere Kanzlerin sich heimlich mit verdrehten Augen zublinzeln, wenn sich ihre westdeutschen CDU-Blockflöten von der Leine und deren Nachfolgerin mal wieder über Quoten fetzen. Die eine darf ihren Säugling mit ins Ministerium bringen, die andere fordert demnächst womöglich eine männliche Erzieherquote für die ohnehin fehlenden Kitas. Was wollen diese Zicken eigentlich noch? Eine gesetzliche Erfolgsquote für Ideen aus dem Familienministerium? Vielleicht 30 Prozent mehr Belichtungszeit für den Hanni-und-Nanni-Foto-ReporterInnen-Preis? Oder blickdichte Stillkabinen in westdeutschen Fußgängerzonen?

Weil die fehlen, flog vor Kurzem eine Krefelderin aus einem Café und das Bielefelder Meinungsforschungsinstitut *Emnid* ermittelte sofort, dass so etwas im Mutterland der betreuten Herde zu 16 Prozent nicht gern gesehen wird. Im Osten stören nackte Brüste dagegen nur sechs Prozent. Aber da rauchen sie ja sogar auf der Straße, tragen in aller Öffentlichkeit Hosen und sagen – statt sich zwischen Herd oder Quote zu entscheiden – *Schnauze Wessi*.

Juni 2012

> *»Der Hass auf die herrschende Klasse ist (…) heute stärker als zu kommunistischer Zeit.«*
> Oleg Worotnikow

»Rügen scheißt auf Sylt«

Die Aufstände in Nordafrika sind so gut wie vorbei. In Berlin brennen auch kaum noch Autos. Allein in der Fläche Ostdeutschlands wächst der Widerstand. Eine Ermutigung.

Anfang 2012 wurde ein Berliner Zeitungsbote zu fast sechs Jahren Gefängnis verurteilt. Er hatte in den sanierten Hausfluren des ehemaligen Ost-Bezirks Prenzlauer Berg mehrfach leere Kinderwagen angezündet – und in einem Anflug von Selbstüberschätzung war ich mir schon wie ein geistiger Brandstifter vorgekommen. Immerhin hatte er der Polizei zunächst erklärt: »Die ganzen Schwaben kotzen mich an«. Sein Vorname Maik mit »ai« – wie Amnesty International – war ein weiteres Indiz. Vor Gericht nahm er das mit den Schwaben dann allerdings wieder zurück und erklärte seine Taten mit allgemeinem Frust und Drogenabhängigkeit – also Motive, die man wirklich nur verurteilen kann.

Fast gleichzeitig verklagte ein Hausbesitzer aus München eine Mieterin aus Chemnitz, weil bei deren Sohn eine Piratenflagge im Kinderzimmerfenster hing. Es war nichts Politisches, nur ein Fanartikel für einen Piratenfilm. Trotzdem sprachen westdeutsche Juristen ihrem Landsmann in erster Instanz ein paar hundert Euro Entschädigung für angeblich abgeschreckte Mieter zu. Auf den ersten Blick ein Fall wie tausend andere, Alltag in den besetzten Ländern. Doch die Mutter ging in Berufung – diesmal in einem Piraten-T-Shirt – und gewann. Plötzlich ließ sich aus dem Totenkopf kein Bezug mehr zur Waffen-SS konstruieren und es stellte sich heraus, dass sie nur zu aufmüpfig gewesen war und sich über Mängel im Haus beschwert hatte.

Ähnliche Geschichten hört man überall. Die Menschen zwischen Anklam und Zwickau – oder sagen wir besser Zittau, um Missverständnisse zu vermeiden – werden langsam frech. Richtige Widerstandsnester gibt es schon: Im Brandenburger Bartschendorf etwa wehrten sich Bauern gegen den Verkauf ihrer Kirchenruine an einen Hamburger Clubbetreiber. Mit der Parole »Rügen scheißt auf Sylt« erklärten Untergrundkämpfer in Binz der Imbiss-Kette *Gosch* unverblümt den Propagandakrieg. Guerillas aus dem Vogtland setzten die Taktik sofort um und beschmierten in Plauen etliche Parkautomaten einer Schwarzwälder Firma mit Kot. Brauner Widerstand kann viel kreativer sein, als ihn westdeutsche Verfassungsschützer in Thüringen lange finanzierten. Oder um es mit den Worten des russischen Kunstkriegers Oleg Worotnikow zu sagen: »Der Hass auf die herrschende Klasse ist heute stärker als zu kommunistischer Zeit.«

Erst vergangene Woche, so berichtet *Niederlausitz aktuell*, versauten Ferienkinder in Brandenburg einem Hobbyjäger aus Bonn durch lautes Lachen im Wald mehrere Tage hintereinander den Schuss, bis der feudalherrisch mit Gefängnis drohte und frustriert wieder abreiste. Berliner Hitzköpfe rufen in einem Kurzfilm mit dem Titel *Wessi go home* offen zum bewaffneten Widerstand auf. Und manchmal juckt es mich auch, meinen westdeutschen Nachbarn etwas deutlicher die Meinung zu sagen als »Guten Tag«. Aber dann braucht man doch wieder ein Ei oder nimmt ein Paket für sie an, weil der einheimische Postbote darum bittet. Außerdem muss man vorsichtig sein.

Laut Besatzungsrecht ist schon »die Billigung von Straftaten« strafbar, insbesondere wenn es dabei um »die Störung des öffentlichen Friedens« geht. Aufwiegler wie Worotnikow werden deshalb mit internationalem Haftbefehl gesucht, die Strohfeuer in Griechenland, Spanien oder Nordafrika schnell mit imperialistischer Solidarität erstickt. Und natürlich möchte auch hierzulande niemand auf einer Stufe mit kleinlichen Trittbrettfahrern stehen, die nach 20 Jahren lediglich den gleichen Lohn wie ihre Kollegen im Westen fordern.

Selbst Montagsdemonstrationen formieren sich wieder. Es sind noch recht klägliche Häufchen, aber so fing das in Leipzig auch mal an. Neben Nachahmern im Westen (in Nürnberg, Dortmund und einmal jährlich zwei Tage vor Aschermittwoch – noch ängstlich vermummt – in Köln) marschieren sie sogar in Berlin. Wie 1989, als man dort auch erst am 4. November und mit Genehmigung der SED den Aufstand probte, haben die östlichen Randbezirke ziemlich spät mitbekommen, dass die Flugruten des neuen Flughafens nach Protesten einflussreicher Leute nicht mehr über den Wannsee, sondern über den Müggelsee führen sollen. Dass auch dort inzwischen mehrheitlich Westdeutsche siedeln, ist nur ein kleiner Trost. Tröstlicher immerhin als der voraussichtliche Fertigstellungstermin 2063.

Nach Jahren angepasster Agonie bezichtigt die Leipziger CDU den westdeutschen 16-Prozent-Oberbürgermeister ihrer Stadt auf einmal der »Schauspielerei« – schickt aber auch nur einen verbeamteten Kleindarsteller aus Bayern in den Wahlkampf. Genug geredet – findet dagegen mein bester Freund Michael und zitiert den Leipziger Untergrund-Philosophen FRP: »Die Zeit der Rücksichtnahme ist endgültig vorbei!« Na gut, antworte ich noch immer eingeschüchtert, aber was sollen wir tun? Westdeutsche vergiften im Park?

Vor allem dürfen wir uns nicht instrumentalisieren lassen. In Berlin brannten nach den teuren Angeber-Karren in den besetzten Bezirken mehrheitlich Kleinwagen der West-Sektoren. Offenbar griffen auch Elektro-Griller aus Reinickendorfer Reihenhäusern zum Grillanzünder, um ihre Teilkasko zu betrügen. Die *Süddeutsche Zeitung* schrieb von einem »hasserfüllten Klima«, das die Stadt in »so reichen Abstufungen« durchdringe wie nirgendwo sonst. Der *Ostdeutsche Sparkassenverband* erklärte kämpferisch, keins seiner Institute lasse sich künftig noch von amerikanischen Rating-Agenturen bewerten. Zwar sind zugewanderte Hassprediger nicht immer so leicht zu entlarven wie süddeutsche Reporter oder der Krefelder Ost-Sparkassen-Verbandspräsident, aber man spürt trotzdem, wie New York City bebt, seit die Kreissparkasse Demmin auf die »Triple-A«-Bestnote bei *Standard & Poor's* pfeift.

Noch mehr Hoffnung machen allerdings die klassischen Merkmale der revolutionären Situation: Die Gewinne steigen. Die Armut auch. Der Paritätische Bund warnt schon in Pressemitteilungen vor »sozialen Unruhen«, der westdeutsche Lieblings-Ost-Schriftsteller Uwe Tellkamp vor »marodierenden Banden.« Und in meiner Stadtteilbibliothek sind die alten Partisanenbücher ständig vorbestellt. Es ist ein gutes Gefühl, nicht mehr allein zu sein.

Juni 2012

»Mir träumte, ich wäre im Rhein versunken.«
Robert Schumann, Sächsischer Komponist
(25 Jahre bevor er in Düsseldorf wahnsinnig wurde)

Hier spielt die Musik

Ein gewisser Herr Reim glaubt, er werde in Ostdeutschland wie Michael Jackson verehrt. Aber wer war eigentlich dieser Jackson? Und wieso ist der Westen so unmusikalisch? Ein Soundcheck.

Drei seltsame Ost-West-Geschichten treiben mich um: Zum einen soll der ehemalige Leipziger Gewandhausorganist Matthias Eisenberg sein Publikum bei Konzerten in der westdeutschen Provinz mit Improvisationen über das DDR-Kinderlied *»Kam ein kleiner Teddybär«* veralbern. Dort – so berichten glaubwürdige Ohrenzeugen – hält man das für ein barockes Thema.

Zum anderen hat nun auch die westdeutsche Illustrierte *Stern* mit der »Chemnitzer Band« *Kraftklub* »*Im Osten was Neues*« entdeckt, obwohl deren Musiker seit Monaten in allen Charts, aller Munde und – wie sie verstörten West-Journalisten hartnäckig diktieren –

aus Karl-Marx-Stadt sind. Schließlich muss ich in der Hamburger Wochenzeitung *ZEIT* auch noch von einem abgehalfterten Schlagersänger aus Korbach in Hessen lesen, dessen Namen ich vorher nie gehört habe, aber der sich vor ostdeutschem Publikum angeblich »wie Michael Jackson« vorkommt. Mal davon abgesehen, dass man über Tote nichts Schlechtes sagen soll: Wie passt das alles zusammen?

Musikalisch sicher nicht. Und doch – böse Menschen kennen keine Lieder – verschmerzen ostdeutsche Ohren offenbar auch größenwahnsinnige Schlagerlocken wie diesen Reim, solange Bands wie *Kraftklub* erklärtermaßen bleiben und Leute wie Matthias Eisenberg zurückkommen.

Bevor er in den achtziger Jahren plötzlich aus der DDR verschwand, lockten seine Orgelstunden sogar uns – seinerzeit eher räudigem Punk verfallen – ins Gewandhaus. »Eisi« war und ist ein großer Improvisator und Provokateur, der es nach seiner Flucht bemerkenswert lange als Organist auf Sylt aushielt, aber inzwischen selbstverständlich wieder in Sachsen lebt. Die jungen Männer von *Kraftklub* haben neben rotziger Ironie eine ähnliche Erdung und wollen erst gar *»Nicht nach Berlin«* oder Hamburg – es sei denn um den »Scheiß-Indie«-Typen von *Tocotronic* die Mädchen wegzunehmen. »Bin ein Verlierer, Baby – original Ostler«, grölen sie von oben herab. Sie könnten auch *»Kam ein kleiner Teddybär«* jodeln. In Delmenhorst würden ihre Fans trotzdem toben.

Ob *Kraftklub*, *Rosenstolz* oder *Rammstein* – welche erfolgreiche Band mit seltsam deutschen Namen kam in den letzten 20 Jahren eigentlich nicht aus dem Osten? Je nach Geschmack kann man auch *Silbermond*, *MIA.* oder *Die Prinzen* mitzählen. *Polarkreis 18*, *Tokio Hotel* oder *Clueso*, über den die *Süddeutsche Zeitung* staunt, dass er »immer noch« in Erfurt lebt – für die Journalistin eine »Frechheit, die Provokationen vieler Rockstars übertrifft«.

In Wahrheit kehrte der Sänger aus Köln zurück, weil ihm dort zu viel »Ego im Raum« war. Ähnliche Erfahrungen verarbeitete der Rapper *C-Rebell-um* zu seinem Song *»Irrtum«* und beantwortet darin dümmliche Fragen nach seiner Herkunft mit dem Kehrreim: »Ihr wisst gar nichts von uns, wisst ihr – und wollt wissen, wie wir sind.«

Wie alle Künstler wollen natürlich auch Ostdeutsche nicht nur für ihren Geburtsort gemocht werden, zur Not auch im Westen. Aber ist es wirklich Zufall, dass ebenso die neuen Stars in Malerei oder Schauspielkunst fast alle bei *Ernst Busch* in Berlin oder an der Leipziger Grafikhochschule studiert haben und massenhaft westdeutsche Trittbrettfahrer anziehen? Sind es entfesselte Kräfte? Im Westen nichts Neues? Warum sonst schielen selbst bei regional paritätisch besetzten Sängerwettstreiten alle ängstlich nach Osten?

Beim letzten *Bundesvision Song Contest* trat eine Sängerin aus Hamburg gleich für Thüringen an, weil das mehr Erfolg versprach. Der Kandidat aus Niedersachsen sang eine Liebeserklärung an Frankfurt/Oder und holte sich dafür Verstärkung bei der alten FDJ-Hauskapelle *Silly*. Die Auferstehung musikalischer Dinosaurier scheint leider auch eine Spezialität ostdeutscher Kultur zu sein, die sich nun Leute wie dieser Reim zunutze machen. Wie sonst ist es möglich, dass Bands wie die *Puhdys* heute mehr Fans zu haben scheinen als zu DDR-Zeiten? Oder liegt es einfach daran, was inzwischen aus den – auch im Osten verehrten – westdeutschen Rockern geworden ist?

Udo Lindenberg reitet immer noch auf seiner Schalmaienfreundschaft mit Honecker und irgendeiner Minderjährigen aus Ost-Berlin herum. Für recycelte Hits wie »*Cello*« braucht er – »komm, pack das Ding doch noch einmal aus« – einen ostdeutschen Altenpfleger wie *Clueso*. Heinz Rudolf Kunze supportet in Talkshows seinen »Freund« Christian Wulff. Dabei wünscht man sich nicht mal einen Feind, der einen mit Worten wie »bürgerlich schlicht« in Schutz nimmt. *BAP* spielt weitgehend schamlos zum Bundespresseball auf. Und natürlich lässt auch Matthias »Jacko« Reim das schlimmste aller Lieder nicht aus, mit dem sich schon der westdeutsche Jugoslawe Maffay vom Bio-Bio-Schleimer zum Schmuserocker emanzipierte.

Wenn irgendwo »*Über sieben Brücken musst du gehn*« aus Lautsprechern tropft – vielleicht noch zu kitschigen Bildern vom Herbst 1989 – bekomme selbst ich eine Gänsehaut. Allerdings vom Schütteln, nicht vor Rührung. Die »Gruppe« *Karat*, wie DDR-Kultur-Funktionäre gern statt »Band« volkseigentümelten, wurde »schon damals vom Rest der Musikszene des kleinen Landes als staatstragende Weichspüler-Heinis taxiert«, so der Leipziger Musikkritiker Jörg Augsburg ebenso treffend wie ausdrücklich »nur« zur Erklärung »für die Wessis« unter seinen Lesern.

Dieser überwiegend peinlichen, sogenannten »Ost-Rock-Ära« sind sich bei aller späten Geburtsgnade auch die coolen Säue von *Kraftklub* bewusst: »Es wäre natürlich schön, wenn man die *Puhdys* und *Karat* aus dem Gedächtnis löschen könnte«, sagt der Schlagzeuger Till Brummer. Das kostet ihn sicher einige Fans unter den Eltern seiner Fans. Aber darauf – das ist der Unterschied zu PR-beratenen Westkollegen oder den *Prinzen*, die vor 20 Jahren noch jedermanns Liebling sein wollten – ist inzwischen eben geschissen. Der Ton ist rauer geworden, selbstbewusster. Vorkämpfer wie *Rammstein* gähnen nur noch, wenn Westjournalisten über sie von der »ästhetischen Rache des Ostens« schreiben.

»Aus dem Osten«, so Keyboarder Christian »Flake« Lorenz in einem Interview mit dem Musikmagazin *Rolling Stone*, »haben wir die Mentalität mitgenommen, etwas falsch gemacht zu haben, wenn wir von der Presse gelobt werden, weil man damit quasi staatlich anerkannt, also tot ist. Das gilt auch heute noch ein bisschen. Solange Medien wie *Stern* oder *Spiegel* uns hassen, ist die Welt in Ordnung.«

Anerkannt tot wie Michael Jackson? Wie *Kraftklub* im *Stern*? Wie *»Verdammt, ich lieb Dich«* in einem

Chemnitzer Autohaus? Vermutlich ist dieser Reim nur die ästhetische Rache des Westens. Deshalb muss sich niemand Sorgen um die Musik machen: Bach, Schütz, Händel oder Telemann, Schumann und Wagner nicht zu vergessen, bevor sie rüber machten – kein Popstar der Ewigkeit stammt aus dem heutigen Westen. Und wenn jetzt jemand Mozart nennt oder den in Bonn geborenen Holländer Beethoven, kann man dafür leider keine zweite Chance geben, sondern sich nur einen Reim darauf machen – und der geht so: *Schnauze Wessi!*

Juli 2012

> *»Ich verlasse dieses Land aus Liebe.*
> *Und ich komme zurück und suche die Liebe.«*
> André Greiner-Pol, (1952 – 2008)

Der Letzte macht das Licht aus

Gern wird angepassten Ostdeutschen bescheinigt, sie seien im Westen angekommen. Doch 51 Jahre nach dem Mauerbau gibt es plötzlich eine neue unheimliche Ausreisewelle – zurück. Ein Trend.

Regelmäßig zu den Jubiläen fünf, zehn oder 27 Jahre nach Mauerbau, Mauerfall oder Ausbruch der Großmaul- und Klauenseuche 1990 wird in Umfragen und Festreden die Anpassungsleistung der kleinen Brüder und Schwestern im Osten überprüft: Sind sie dankbar genug? Endlich zufrieden? Tragen sie immer noch Socken in Sandalen oder inzwischen auch Badehosen am Strand? Das Maximal-Ziel dabei ist ein Prädikat, das die westdeutsche Prüfungskommission »im Westen angekommen« nennt.

Der Schlagersänger XY ist »im Westen angekommen«, wenn er auch in Mainz zwei Autogramme gibt – vermutlich ehemaligen Rostockern. Der Sportler YZ, wenn er die Lippen zur richtigen Strophe der alten Nazi-Hymne bewegt und auch privat nicht zu weit rechts rudert. Mal ist die SED/PDS/Linke »im Westen angekommen«, weil sie ein paar DKP-Altlasten mit Mandaten resozialisiert, mal noch nicht, weil sie trotz ständiger Namenswechsel mehr Gerechtigkeit und weniger Krieg will als der neue Bundespräsident. Angela Merkel ist schon hundert oder tausend Mal »im Westen angekommen«, weil sie je nach aktueller Krise die Bedürfnisse von Atomindustrie, Banken oder der CDU-Ortsgruppe Brakel berücksichtigt. Und obwohl Alibi-Ostler auf Alibi-Posten kein Maßstab sind, hat es sogar eine SED-Juristin beim Mitteldeutschen Rundfunk geschafft.

Die neue MDR-Intendantin sei »klar in der Demokratie angekommen«, bescheinigte ihr zum Amtsantritt Dirk Panter, der westdeutsche Generalsekretär der sächsischen SPD. Das Ganze auch noch schriftlich beglaubigt von einem westdeutschen Reporter der *SuperIllu*, dem ostdeutschen Sprachrohr des westdeutschen Burda-Konzerns – mehr geht eigentlich nicht: Es war eine Art »summa cum laude« unter den Persilscheinen, wie sie sonst nur fränkische Universitäten für abgeschriebene Doktorarbeiten ihrer Fürsten vergeben.

Immerhin war ihr Leumund – der kleine Dirk aus dem badischen Oberachern – schon drei Jahre alt, als die 18-jährige Jurastudentin Karola Wille in die SED eintrat. Wie sie hat er im Osten studiert, allerdings nach 1990. Dann arbeitete er bei einer Investmentbank, bevor er – auch Westdeutsche verdienen eine zweite Chance – hauptamtlich in die sächsische Sozialdemokratie wechselte. Wer könnte eine alte SED-Genossin glaubwürdiger gegen Anfeindungen von alten SED-Opfern in Schutz nehmen?! Wenn es nicht so ein abgenutztes Bild von West-Journalisten wäre, könnte man glatt sagen, Dirk Panther sei in der DDR angekommen.

Schon gut, ich weiß – vermutlich meinen sie das in irgendeinem übertragenen Sinn: Niemand muss umziehen, um im Westen anzukommen. Es reicht, wenn sich Ostdeutsche zu Hause so systemkonform benehmen wie früher. Tolerante Migranten wie ich gestehen der BRD sogar zu, dass dort vor 1989 auch nicht alles schlecht war. Aber heute? Würde noch jemand sein Leben riskieren, um da anzukommen? Wollten wir das überhaupt?

Wie leicht es geht, beweisen andere ehemalige Ausländer jeden Tag. Sie cruisen mit dicken westdeutschen Limousinen durch die Ghettos westdeutscher Großstädte und müssen sich für den Mindestbedarf westdeutscher Leitkultur nicht mal besonders verrenken. Bei Leuten wie Bushido reicht etwas Gefühl für Rhythmus, schwere Sprache (»Fotzen«) und Tradition (»Tunten vergasen«) – schon bekommen sie von dem gleichen Medienkonzern einen Integrations-Bambi aufgeschwatzt, der sonst angekommenen Ostdeutschen die Unbedenklichkeit bescheinigt. Zum Glück kommen – solange Assimilation auf Assi betont wird – hier wie da selten gesamtdeutsche Gefühle auf. Das ist ja auch in anderen Ländern nicht üblich, nur weil sie Entwicklungshilfe aus

Westdeutschland bekommen. In Griechenland etwa oder Afghanistan.

In Wahrheit wollen Ostdeutsche vor allem eins: wieder zurück. Nicht in die DDR – das wird im Westen gern verwechselt. Sondern einfach dahin, wo sie nicht ankommen müssen. Laut *Sozioökonomischem Panel* – einer jährlichen Befragung von 12.000 Deutschen – sind bereits 32 Prozent der seit 1990 Abgewanderten ein zweites Mal abgehauen. Mehr als die Hälfte derer, die noch im Westen leben müssen, zieht es ebenfalls zurück. Oder stößt sie etwas ab? Es ist eine stille Massenflucht. Ohne Botschaftsbesetzungen, aber mit einer klaren Botschaft: Der Westen hat immer zu viel versprochen.

Wohlstand und Demokratie? Ein selbstbestimmtes Leben als Verbraucher? Wer den Vergleich hat, erkennt zu viel Vergleichbares und irgendwann kratzen die appetitlichsten Kröten im Hals: Freie Wahlen schön und gut – aber wieso eigentlich nur zwischen Burn-out und Hartz IV? Zwischen Euro oder Euro? VW oder Seat? Oder kommt man mit einem BMW doch schneller im Westen an? Selbst Versuche, wenigstens äußerlich echte Westdeutsche zu werden, scheiterten oft als groteske Karikaturen. Sich verkleiden, so auftreten und trotzdem nicht unangenehmer aufzufallen, ist das eine – den Selbstdarsteller nicht nur darzustellen, dazu gehört mehr.

Zehn Jahre Neugier, zehn Jahre Ernüchterung. Offenbar brauchte es insgesamt 20 Jahre, bis die meisten merkten, dass Ankommen auch kein Ziel ist, nicht mal ein Weg. Inzwischen entdeckt die »Dritte Generation« (siehe *Schnauze Wessi: Das Coming-out der Generation Mandy*) ihre Herkunft wieder wie ältere ihre Marmelade. Das westdeutsche Marketing-Märchen von der »Ostalgie« (siehe Seite 60: *Rotkäppchen und andere Märchen*) hat damit nichts zu tun, im Gegenteil: Nach rastlosen Wanderjahren in Köln, Stuttgart oder London spüren viele, was bisher allenfalls auf ihrer jährlichen Rentenbenachrichtigung stand: »Aus dem Beitrittsgebiet« zu kommen, ist gerade nach den Erfahrungen im Westen kein Makel mehr – wieder nach Hause zu wollen noch weniger.

Nicht mal junge Leute wollen da noch hin: Zwischen 2006 und 2011, so jammern westdeutsche Unternehmen, ging die Zahl der pendelnden Auszubildenden um mehr als 60 Prozent zurück. Der Schwund an billigen Arbeitskräften ist so dramatisch, dass schon der Chef der Bundesagentur für Arbeit in Interviews Alarm schlägt: »Die Westdeutschen müssen sich etwas einfallen lassen.« Nur was? Offenbar, so Zeitungsberichte der letzten Zeit, kehren Exilanten sogar heim, obwohl sie im Osten nach wie vor weniger oder gar nichts verdienen. Hauptsache weg – wie früher aus der DDR. Sie haben herausgefunden, wie man im Westen ankommt – nämlich am besten gar nicht. Und der Letzte macht dort bitte das Licht aus!

13. August 2012

> *»Meine Damen und Herren, Sie wissen noch nichts*
> *von dem Maß an Unterwerfung,*
> *die der Westen jedem einzelnen seiner Bewohner abverlangt.«*
> Roland M. Schernikau
> (1989 in die DDR übergesiedelt, 1991 verstorben,
> in einer Rede zur »Konterrevolution« auf dem Kongress der
> Schriftsteller der DDR im März 1990.

Goethes Erben

Dass Westdeutsche aus Karrieregründen im Osten landen, ist kein neues Phänomen. Die Hohenzollern haben es vorgemacht, die Honeckers und Merkels sind nur Nachahmer. Ein Rückblick.

Jemand hat mir ein kleines Gedicht geschickt und das geht so: »Gehst du in den Osten, kriegst du einen Posten. Gehst du wieder heim, wird niemand traurig sein.« Nicht gerade die Lyrik-Liga von U-Boot-Grass oder Unterrock-Goethe, aber immerhin reimt es sich fast. Leider verpufft die ohnehin magere Pointe in einem Wunschtraum: Die meisten bleiben nämlich. Sie wissen – und wir inzwischen auch: Da, wo sie herkamen, war im Zweifel niemand traurig. Jede Lusche bekommt im Osten eine Chance. Das hat Tradition.

Vermutlich könnte man noch weiter zurückgehen, aber damit es nicht ausufert, fangen wir mal bei Karl, dem sogenannten Großen, an. 772 begann er, unser Volk in den Sachsenkriegen zu unterwerfen. Seinerzeit – das wird auch gern unterschlagen – gehörten dazu noch große Teile des heutigen Westdeutschlands. Man nannte die Privatisierung noch »Christianisierung«. Und wenn es auch ähnlich brutal zuging wie 1990, brauchte Karl – anders als Helmut der Große – mindestens 30 Jahre, um die Sachsen in sein Reich einzugliedern. Offenbar war Stolz im 8. Jahrhundert noch etwas mehr wert als 100 Mark Begrüßungsgeld. Die Parallelen sind dennoch verblüffend: So berichten Chronisten von einer Entvölkerung der unterworfenen Gegend, von läppischen Zugeständnissen an Überläufer und Massen-Deportationen billiger Arbeitskräfte in den Westen des Reiches. Zynischerweise ließ sich Karl dafür auch noch als Friedensstifter zum Kaiser krönen. Kohl hätte den Friedensnobelpreis – stellvertretend für ein paar mutige Ostler – sicher auch gern genommen, aber nach Lena in Oslo und seiner eigenen Euro-Vision kann er sich das nun wohl endgültig abschminken.

In den Jahrhunderten zwischen Karl und Helmut spielten sich andere Geschlechter aus dem heutigen Niedersachsen (Liudolfinger/Ottonen), aus Nordrhein-Westfalen (Salier) oder Schwaben (Staufer) als sächsische Könige und deutsche Kaiser auf, bis sich die Hohenzollern – ursprünglich ebenfalls aus dem Südwesten – in Brandenburg breitmachten. Erst als Markgrafen und Kurfürsten, dann als preußische Könige, schließlich als Kaiser: »Gehst du in den Osten ...« – so einfach kann man deutsche Geschichte erzählen, mit allen bekannten Folgen. Dass Hitler zufällig in Österreich geboren wurde, ändert nichts daran, wo er die »Hauptstadt seiner Bewegung« fand. Oder nehmen wir Westler wie Göring, Himmler, Goebbels, die ganz Bande – aber Schwamm drüber, es gibt genug andere Beispiele.

Letztlich landeten auch der Schwabe Schiller und der Hesse Goethe nur aus Karrieregründen im Osten. Der schwer verschuldete Bettnässer aus Marbach am Neckar musste mehrfach aus seiner Heimat fliehen, bis er Mitleid in Leipzig und ein Haus in Weimarer Bestlage fand. Von seinem Protegé Goethe – so vornehm umschrieb man Westseilschaften damals noch – ist überliefert, wie schwer er sich mit dem mondänen Leben in der schon damals viel weltoffeneren Stadt Leipzig tat, als er von Frankfurt zum Studium rüberkam. Er schlief und reimte sich nach oben, bis er die Geschicke ganzer Herzogtümer in Thüringen mitbestimmte. Millionen Schüler hassen ihn seitdem für seine schwülstigen Verse, aber zu Lebzeiten fühlte er sich wichtig und geliebt – die typische Mischung aus Selbstbetrug und Hochstapelei.

Was uns allein die Westler Marx und Engels eingebrockt haben – oder dieser Honecker aus dem Saarland! Der Sachse Walter Ulbricht hat zwar auch Unheil angerichtet, aber wenigstens nur bei sich zu Hause. Bert Brecht, ursprünglich Bayer, entschied sich nach Krieg und Exil erst für Ost-Berlin, nachdem ihn andere Länder wie die Schweiz nicht wollten. Und wenn sich heute ewig gestrige CDU-Patinnen wie Frau Professor Höhler vor Angela Merkels »autoritärem Sozialismus« gruseln, so ist das zwar ganz lustig – aber wer hat denn versagt, als die kleine Hamburgerin in die DDR eingeschleust wurde, sich nach Kräften anpasste und heute Banken rettet, ohne bei jedem Quatsch das Parlament zu fragen: der alte Westberliner Erich Mielke.

Selten wurde das Problem so einprägsam erklärt wie in einem *Stern*-Artikel aus dem Jahr 2004 über die Kamtschatka-Krabbe in Norwegen, der – leider nicht von mir – folgendermaßen beginnt: »Kaninchen in Australien oder Wessis in Weimar – immer wieder zeigt sich: Werden Wesen willkürlich in eine wehrlose Umwelt verpflanzt, breiten sie sich ungehemmt aus ...« Zwar dient die Anspielung auf Rolf Hochhuths Treuhand-Drama nur dem Einstieg in eine Reportage. Aber kommt der Vergleich – wieder Weimar, zudem von einer westdeutschen Kollegin – wirklich von ungefähr?

Wie zu Goethes Zeiten wollen hessische Gewerkschaftssekretäre Ministerpräsidenten in Thüringen werden. Noch immer strömen massenhaft westdeutsche Studienanfänger in den Osten; nach Angaben der Initiative *Studieren in Fernost* in Sachsen 29 Prozent der Erstsemester, in Sachsen-Anhalt 38 und in Mecklenburg-Vorpommern über 42 Prozent. Sicher nicht, um dort alten Omis über die Straße zu helfen.

Stattdessen sind Geschichtsfälscher am Werk, um die Ursachen der Plage zu verschleiern. Mir fiel das erst vor ein paar Monaten auf, als ich die wahre Herkunft Erich Mielkes aufdecken wollte und in der englischen Wikipedia über den Stasichef las: »After West German annexation of the GDR Mielke was arrested and charged ...« Nun heißt es dort auf einmal: »After the GDR *joined* West Germany ...« Leider bin ich kein Wikipedia-Autor, aber könnte das – bei Gelegenheit – vielleicht mal wieder jemand richtigstellen?

Schlimm genug, dass sich Obstweindichter wie dieser Goethe auch noch über die Wiedervereinigung lustig machen, während sie sich selbstgefällig auf dem *Westöstlichen Diwan* räkeln: »Der Harte wird umgangen / Der Gimpel wird gefangen / Beherrsche diese Lüge / Betrogener, betrüge!«

Besser hätte das sein hessischer Landsmann Jürgen Schneider auch nicht sagen können. Nur ging der nach seinem Ausflug nach Leipzig in den Knast und dann wieder zurück. Goethe dagegen wäre in diesen Tagen 263 Jahre alt geworden und vermutlich immer noch Weimarer Röcken hinterher. Ist er aber nicht, sondern – von wegen unsterblich – tot. Das ist die Strafe für anbiedernde Gedichte, die den Orient verbrämen, aber nur die ostdeutsche Karriere-Wahlheimat meinen: »Soll ich von Smaragden reden, die dein Finger niedlich zeigt? Manchmal ist ein Wort von nöten, oft ist's besser, daß man schweigt.« Ganz genau, Goethe: *Schnauze Wessi!*

August 2012

»Wenn ich mit den Gerichtspräsidenten, den Sparkassenchefs, mit Befehlshabern der Bundeswehr oder Führungskräften der Polizei zusammenkomme – kaum ein Ostdeutscher. Selbst in den Ministeriumsspitzen ist das so: Ab Referatsleiterebene wird ganz viel über den Kölner Karneval geredet.«
Matthias Platzeck, Brandenburger Ministerpräsident, 2012

Bitte wieder mehr Westpakete!

Was machen einsame Kolonialbeamte nach Feierabend? Sie hängen im Internet rum, gehen zum Psychiater und – wenn der Leidensdruck reicht – auch wieder nach Hause. Eine Hilfsaktion.

Bei der letzten ethnischen Säuberung meiner Facebook-Kontakte fiel mir auf, dass ich acht »Freunde« mit dem westdeutschen Bürgermeister meiner Heimatstadt teile. Auf mein Ultimatum »er oder ich« reagierten die meisten gar nicht. Immerhin zwei haben sich dann doch entschieden, wenn auch falsch. Vermutlich haben es diese Renegaten auch noch gut gemeint!

Es ist ein verbreiteter Irrtum, man könne einsamen Westdeutschen im Osten helfen, indem man ihnen Mitleid oder soziale Netzwerke vorgaukelt. Weil sie nichts anderes kennen, halten sie auch digitale Unverbindlichkeiten sofort für etwas Ernstes. Schlimmstenfalls stehlen sie allzu barmherzigen Einheimischen nach Würde und Kindergartenplätzen auch noch deren kostbare Online-Zeit, verschicken Witzbildchen, was die Flachrate hergibt, und »liken« wahllos – ist das nur Appeasement oder Anbiederei? – selbst Seiten wie www.facebook.com/schnauze.wessi.

Not und Heimweh müssen groß sein. Vor ein paar Monaten räumte sogar unser ehemaliges Königspaar in Sachsen still und leise ihre Dresdner Wohnung und zog zurück an den Chiemsee. Erst hat es gar niemand gemerkt, dann flossen doch ein paar falsche Tränen in der *BILD*-Zeitung. Dabei haben die Biedenköpfe bis zu ihrer Ikea-Abdankung wirklich genug für Sachsen und befreundete Investoren getan. Mit über 80 müssen sie nicht auch noch dazu beitragen, dass die ostdeutsche Bevölkerung statistisch immer »älter, kränker und einsamer« wird, wie dramatische Erhebungen unter hiesigen Bevölkerungs-Statisten zeigen.

Schon vor sechs Jahren fand eine Studie über *Innerdeutsche Migration und psychische Gesundheit* der Uni-Kliniken Leipzig und Ulm heraus, »dass ein höherer Anteil der Westdeutschen im Osten wieder zurück will.« Die Wissenschaftler – natürlich auch vor Ort in Leipzig von Experten angeführt, denen solche Gefühle nicht fremd sind – erklärten das Phänomen vorsichtig so: »Vielleicht ist es Ausdruck dafür, dass alltagskulturelle Differenzen zwischen Ost- und Westdeutschen nach wie vor hoch relevant sind und die Wiedervereinigung sehr viel begrenzter vollzogen ist als politisch dargestellt und erwünscht.«

Deshalb hat es auch weniger mit der sozial-stalinistischen Attitüde einer »Patin« als mit der Fürsorge einer Patentante zu tun, wenn Angela Merkel traurige Figuren wie Norbert Röttgen früher nach Hause schickt. Womöglich hätte der nach der Wahl auch noch die letzten Wurzeln in Nordrhein-Westfalen verloren. Schlimm genug, dass kranker Ehrgeiz in Berlin und anderen für die Karriere bevorzugten Bundesländern bereits dazu führt, dass sie dort, wie die ostdeutsche Psychotherapeuten-Kammer beklagt, doppelt so lange auf einen Termin warten müssen wie zu Hause im Westen.

Die Patienten wohnen in eigenen Stadtvierteln, bleiben in bestimmten Restaurants unter sich. Häufig zerbrechen ihre Ehen – egal ob mit einheimischen Frauen oder an deren Reiz. Sie leiden unter Depressionen, Mobbing, allgemeiner Unbeliebtheit. Selbst multikulturelle Hotspots wie Berlin werden ihnen nach ein paar aufregenden Wochenenden am Anfang schnell zu anstrengend, sodass sie die Clubs in der Nachbarschaft mit Klagen überziehen, bis diese schließen. Jeder versteht, dass sie lieber wieder Westerkappeln unsicher machen würden. Aber allein schaffen sie es nicht.

»Macht der Osten unzufrieden?«, fragt zum Beispiel ein verzweifelter Exilant auf dem Besserwisser-Portal *gutefrage.net* und beschreibt sein Problem so: »Seit einigen Jahren wohne ich im Osten. Allerdings fühle ich mich nicht wohl, habe keine sozialen Kontakte mehr und vereinsame zusehends. Könnte es da einen Zusammenhang geben?« Einige Hobbypsychologen antworten, das hätte doch nichts mit Ost und West zu tun, er solle einfach »kommunikativer« sein, nicht den ganzen Tag vor dem Rechner hocken und so weiter. Nur zaghaft kommt der einzig wertvolle Hinweis, doch wieder nach Hause zu ziehen.

Dass es funktioniert, zeigt der Fall eines Rechtsextremisten, der nach seiner kriminellen Rädelsführer-Karriere in Mittweida/Sachsen wieder in seiner Heimat am Bodensee lebt und nun Nachbarn in Ravensburg terrorisiert. Sogar der letzte Bundespräsident wohnt wieder in seinem hart erarbeiteten Häuschen in Großburgwedel.

Andere aber sammeln lieber weiter Immobilien an Potsdamer Seen und ärgern sich wie der prominente Fernsehmoderator Günther J., wenn der ostfriesische Bürgermeister ihrer Wahlheimat nicht wenigstens unter ihresgleichen für eine transparente Verteilung sorgt. Schlimmstenfalls singen sie so lange traurige Lieder wie der Kölner Clown Rainald G., bis man sie endlich für einen »Ossi« hält – zumindest westdeutsche Journalistinnen, die darüber in ostdeutschen Boulevardzeitungen schreiben. Dabei könnte man ihnen – mit etwas gutem Willen – ganz einfach heimleuchten.

Als unser Leipziger Olympiasieger Wolfgang Tiefensee noch Ost-Beauftragter war, erregte er noch einmal kurz Aufsehen, weil er sogenannte »Heimatschachteln« für junge Magdeburger packte. Vorher hatte man die mit »Mobilitätsprämien« zur Fronarbeit in den Westen gejagt. Nun sollte sie ein Ostpaket im Schoß wehmütig an das Arbeitsamt zu Hause erinnern. Der Inhalt war so armselig wie die Idee: ein paar Hallenser Pralinen, Knäckebrot und ein »Heimatmagnet« für den Kühlschrank in der Fremde. Eine Professorin der Hochschule Magdeburg-Stendal hatte sich das ausgedacht, nachdem sie herausgefunden hatte, dass nicht nur Arbeitslose, sondern auch qualifizierte Arbeitslose abhauen. Und schwafelte von einem »funktionierenden Netzwerk zwischen Abwanderern und der Region«.

Was das angeht, können Ostdeutsche tatsächlich noch einiges lernen. Denn natürlich waren an dem von der Bundesregierung gesponserten »Projekt Heimatschachtel« vor allem westdeutsche Fachleute für ostdeutsche Mentalität beteiligt. Zufällig auch das Institut des Ehemanns der »Magdeburger« Professorin, der – wie sie selbst oder mein zweitbester Freund Ludger – aus Münster stammt. Ein Magdeburger Krimi, den zufällig einer ihrer westdeutschen Kollegen herausgibt, lag ebenfalls bei, außerdem ein E-Paper-Abo der *Magdeburger Volksstimme*, die dem Hamburger Bauer-Verlag gehört ...

Von der umständlichen West-Ost-West-Subvention einmal abgesehen, fand ich den Ansatz dennoch interessant. In umgekehrter Richtung würde sich sogar eine Untersuchung erübrigen, ob es wirklich die qualifiziertesten Kolonialbeamten sind, die sich mit Beschäftigungstherapien dieser Art die Wartezeit beim Psychotherapeuten oder bis zur Pensionierung verkürzen. Noch effektiver wäre allerdings, ihnen gleich ein Päckchen mit Pfälzer Leberwurst oder den *Westfälischen Nachrichten* zu packen. Noch heute!

Deshalb bitte, liebe Westdeutsche: Wenn ihr die Kosten der deutschen Einheit wirklich senken wollt – schickt euren Landsleuten im Exil wieder mal ein Carepaket! Vielleicht kann man das – wie früher – sogar von der Steuer absetzen? Und ihr, liebe Landsleute hier: Ärgert sie nicht! Helft ihnen lieber beim Umzug – gebt Westdeutschen eine zweite Chance!

September 2012

> »Viele Zitate im Internet sind erstunken und erlogen.«
> (Karl Marx 1818 - 1883)

Striptease bei *Kaiser's*

Ostler ließen sich früher vielleicht einreden, dass Kühe im Kollektiv glücklicher sind. Was sich Westdeutsche dagegen bis heute gefallen lassen, passt nicht mal auf eine Elefantenhaut. Eine Aufgabe.

Manchmal falle ich auch noch darauf rein: auf Sonderangebote bei *Kaiser's* oder zweite Wahl bei Bundespräsidenten, auf Euro-Bekenntnisse der freien Presse oder deren Freiheit allgemein. Im Mai habe ich mir sogar Sommerreifen aufschwatzen lassen, obwohl überhaupt kein richtiger Sommer kam. Noch mehr als über meine eigene Leichtgläubigkeit staune ich allerdings immer wieder, wie sich selbst erfahrene Westdeutsche für dumm verkaufen, beruhigen und ausbeuten lassen – meist noch von ihren eigenen Leuten. Die müssen das doch schon viel länger kennen und durchschauen?!

Trotzdem gießen sie sich Weizenbier in den Bauchnabel und hoffen, dass es so schön prickelt wie in der Werbung. Sie glauben, irgendwelche Märkte würden sich selbst regulieren, oder dass Ackermänner eigentlich Bauern sind, weil sie mit Lebensmitteln spekulieren. Mein zweitbester Freund Ludger – obgleich mit Lügen dieser Art aufgewachsen – wählt sogar immer noch rotgrün. Er schimpft auf Hartz IV und ostdeutsche Bundeswehr-Söldner im Ausland, aber sieht da keinen Zusammenhang. Er schreibt eine Solaranlage von der Steuer ab und ärgert sich, dass sein Strom für Leute unerschwinglich wird, die nichts abzuschreiben haben. Er möchte gern Gutes tun, für sich, andere und die Umwelt, doch letztlich kommt immer alles nur ihm und den Seinen zugute.

Sicher muss man sich nicht mehr darüber streiten, wie sehr auch der Sozialismus seine Anhänger veräppelte: Er gaukelte ihnen zum Beispiel vor, dass Arbeitslosigkeit die schlimmste Geißel der BRD sei – man kannte ja deren Bewohner nur flüchtig. Dabei hätte man in der DDR mit knapp 400 Euro plus Wohngeld und einem ordentlichen Wechselkurs jeden Kombinatsdirektor ausgelacht. Schon damals bauten Billiglöhner Autos. Man tat so, als gehörten die Städte und Felder allen, die nun alle Westdeutschen gehören. Aber mal ehrlich: Waren das – verglichen mit den Durchhalteparolen aus Bundespresseamt und EZB – nicht harmlose Notlügen? Eine geradezu plumpe Ehrlichkeit, die jeder sofort durchschaute?

Westdeutsche dagegen verlassen sich immer noch alle vier Jahr auf neue Versprechen – und sind alle vier Jahre wieder enttäuscht. Sie wissen nicht erst seit 1990, dass Staubsaugervertreter eben Staubsauger verkaufen, aber wundern sich bei Volksvertretern. Sie halten »Naturidentische Aromastoffe« für etwas aus der Natur, aber rümpfen pikiert die Nase, wenn sich der Osten die D-Mark zurückwünscht. Ja, was denn sonst? Etwa die Ost-Mark?!

Der Euro hat nichts teurer gemacht. Die Riester-Rente lohnt sich (nicht nur für Versicherungsunternehmen). Krieg ist Frieden und ein Reifenloser Bus ein ICE ... So abgerichtet sind die Menschen im Westen schon, dass man sie schamlos »Verbraucher« nennt und niemand zuckt zusammen. Wahlweise auch »Konsument« oder »Wähler«, als hätten sie eine Wahl. Sogar als »Bürger« lassen sie sich verspotten, weil sie für die Verluste privater Banken bürgen. Und im Osten soll man sich nicht als Bürger zweiter Klasse fühlen? Aber gern, sofern man sich dabei auch nur halb so blöd vorkommen muss!

Ich empfinde zum Beispiel das Wort »Arbeitnehmer« jedes Mal als persönliche Beleidigung. Schließlich gebe ich dem sogenannten Arbeitgeber meine Arbeitskraft – nicht umgekehrt. Arbeit oder – noch zynischer – Beschäftigung hätte ich auch im Garten genug. Allerdings gehören ihnen die Verlage und Druckereien, weil sie schon unzähligen vor mir weniger bezahlt haben, als deren Arbeit wert war. Es ist das Selbstverständnis von Unternehmern zu nehmen. Deshalb heißen sie ja so und nennen, was ihnen von fremder Arbeit mehr bleibt, mit der gleichen Selbstverständlichkeit Mehrwert. Und wer zahlt dafür auch noch brav die gleichnamige Steuer? Genau.

Das Paradoxe ist nur: Obwohl Arbeitnehmer Arbeitgebern lebenslang Arbeit abnehmen, sind sie am Ende oft arbeitslos oder altersarm – und die anderen reicher. Wer Arbeit nimmt, bezahlt unterm Strich offenbar trotzdem mehr, als er dafür bekommt. Oder warum fließt Geld in diesem System nur in eine Richtung? Die Leute im Westen aber lassen sich einreden, es verschwinde in Griechenland, verbrenne an Börsen oder versickere irgendwo in Thüringen. Umso größer ist ihre Freude, wenn sie für einen Klumpen Fleisch mit Cola weniger bezahlen, wenn sie auch noch Pommes dazu nehmen.

Diese seltsame Super-Spar-Logik ist auch für Ostdeutsche nicht immer zu durchschauen – aber bitte: Wir sind mit Spielgeld aufgewachsen! Immerhin stutze ich noch, wenn mein Milchshake bei McDonalds – dem einzigen überzuckerten Westprodukt, dem ich hoffnungslos verfallen bin – plötzlich in Plastikbechern kommt. In den »Großen« passen seitdem nur noch 0,4 Liter, dafür kosten die 32 Gramm Zucker darin mehr als in der alten Halbliter-Pappe. Vermutlich liegt das am Ölpreis, der ja auch das Benzin so teuer machen soll und – »gekoppelt« mit dem Gaspreis – die Heizung, weshalb das Haus gedämmt werden muss, wodurch die Miete steigt ...

Ob Abwrackprämie oder Energiesparverordnung, Euro oder Bankenrettung – hinter all diesen seltsamen Konjunkturprogrammen scheint in Wahrheit der gleiche Trick zu stecken wie bei meinen Nassrasierern. Die haben zwar bald so viele Klingen, dass man Fußballplätze in zwei Zügen mähen kann. In die Packung passen

Striptease bei Kaiser's

dadurch leider weniger, aber deren Klingen nutzen sich immerhin gleichzeitig ab und sind teurer. Und wer ist der Rasierte?

Wenn ich mich über solche Gaunereien immer noch aufrege, schauen mich westdeutsche Bekannte mit großen Augen an: Was hätte ich denn gedacht?! Natürlich sei das alles Lug und Trug bei ihnen: eine Bananenrepublik – aber dafür gebe es wenigstens jederzeit welche, haha ...

Also kaufen sie weiter »Bio«-Gemüse, das per Lkw aus dem Schwarzwald nach Berlin gekarrt wird. Putzen mit »*Bio-repair* den Zahnschmelz wieder drauf« und waschen ihre Wäsche mit »Oxi-Power« weißer als weiß. Was kommt eigentlich danach – durchsichtig? Vermutlich erkennt Ludger nicht mal den Hohn, wenn eine Zeitarbeitsfirma aus Düren bei Köln ihre Leipziger Zweigstelle ausgerechnet in der hiesigen Hartzstraße Nummer 4 errichtet.

Sollen sie sich doch gegenseitig Arbeit leihen! Dann müsste ich mich auch nicht mehr jeden Tag rasieren oder hier den systemkritischen Pausenclown spielen. Auf der anderen Seite: Wer soll den armen Menschen in Hamburg oder Herne sonst die Augen öffnen? Anders als wir haben sie in der Schule ja nicht gelernt, die Widersprüche ihres Daseins dialektisch zu durchschauen. Deshalb möchte ich alle Landsleute ermuntern, an der Kasse bei *Kaiser's* auch mal zu schreien: Ihr habt ja alle gar nichts an! Ebenso bei *Aldi*, im *Apple*-Store oder in der Redaktionskonferenz. Auch Westdeutsche haben so etwas wie Menschwürde. Auf Verbraucher gedrillt, brauchen sie zwar noch etwas mehr Zeit, um den aufrechten Gang zu lernen. Aber mit unserer Hilfe schaffen sie auch das.

September 2012

»Wenn jeder an sich denkt, ist an alle gedacht.«
(westdeutsches Sprichwort)

Szenen einer Ehe

Beide schienen füreinander bestimmt: Sie aus dem Osten – arm, aber sexy – und er das ganze Gegenteil. 22 Jahre später schlafen sie trotzdem lieber wieder getrennt. Eine Paaranalyse.

1. Dass es mal Liebe war, ist ein verbreiteter Trost in unglücklichen Beziehungen. Wer aber von Anfang an statt über Beischlaf nur von Beitritt sprach, wollte nie mehr als eine Zweckehe. Die alte Geschichte – naives Mädchen, reicher Schwerenöter, dann schnell die Ernüchterung: Eigentlich passen wir gar nicht zueinander. Wenn er sich heute ihren blühenden Landschaften nähert, oben rum etwa, in Mecklenburg, erntet er schroffe Ablehnung: Er soll auf seiner Seite bleiben! Sie wiederum soll sich nicht so haben – schließlich wollte sie es selbst! Solche Sprüche nimmt sie ihm besonders übel: Erst die Filetstücke ihres Körpers wollen und dann so tun, als

habe er sie aus der Gosse geholt. Chauvi! Schlampe! Vergewaltiger! Heulsuse! So geht das nun schon 22 Jahre. Wie ein falscher Orgasmus hat die vorgetäuschte Wiedervereinigung beide noch unzufriedener gemacht.

2. Dass sie ein Volk sind – oder wenigstens mal waren –, ist der zweite Trugschluss: Gerade die gemeinsamen völkischen Wurzeln waren ja dermaßen verrottet, dass man sie so lange getrennt hielt. Nie wieder sollten sie etwas miteinander anfangen. Streng wachten supermächtige Nannys über den eisernen Vorhang und verboten jeden Flirt. Pershing statt Petting. Auch deshalb spielten die nationalen Hormone verrückt, als sie sich plötzlich nackt gegenüber standen. Unbeholfen fielen sie sich in die Arme. Brüder und Schwestern, ein Inzest ohne Kondom. Niemand war darauf vorbereitet.

3. Dass Kinderstube und Herkunft kein Thema mehr sei, versichern sich seitdem beide. Erst sahen sie großzügig über Macken des anderen weg. Er schwitzte zwar vor Angst, wenn ihn die neue Verwandtschaft umarmte, fand ihre Familie aber auch »irgendwie herzig«. Sie dagegen wollte so schnell wie möglich werden wie er, weltläufig und reich – bis sie dahinter kam, dass er auch nur mit lauwarmem Wasser kocht. Sein Interesse kühlte ebenso ab, als sich ihre hilfsbereite Herzlichkeit als Beschaffungssolidarität entpuppte. Umso näher sie sich kamen, desto fremder wurden sie sich. Neid und Verlustängste hätten immerhin eine Basis sein können, aber weil das keiner

zugeben wollte, logen sie weiter: Wird schon. Muss ja. Es gibt überall solche und solche – was natürlich jeder alten und neuen Erfahrung widersprach.

4. Dass sie eine Sprache sprechen – wenigstens das schien keine Barriere. Anfangs lachten sie sogar noch gemeinsam über Dialekte und lustige Vokabeln, Broiler, Verbraucher – geschenkt. Nicht die Wörter waren das Problem; sie redeten zwischen den Zeilen aneinander vorbei: Hätte er ihr sagen sollen, dass nicht alles Gold ist, womit er glänzt? Woher sollte sie wissen, dass hinter jeder großzügigen Geste ein Geschäft lauert. Oder er, dass hinter jedem offenen Wort ein Fettnäpfchen steht? Nie haben sie sich auf Augenhöhe unterhalten. Selbst wenn es so aussah, hat er sich nur zu ihr herunter gebeugt und sie stand auf Zehenspitzen.

5. Dass es nur eine Frage der Zeit sei, dachten sie 20 Jahre. Aber man gewöhnt sich eben doch nicht an alles: Er nicht an ihre Blicke am Strand, bei denen er nie weiß, ob es nur wegen seiner Badehose ist oder ob sie gleich eine Horde Skinheads auf sein schönes Auto hetzt. Und sie nicht an seine selbstgefällige Art, mit der er ihr voreheliches Leben beurteilt. Wie taktlos! Wie distanzlos! Angeber! Mimose! Immer noch verwechselt sie seine Selbstsicherheit mit Überlegenheit und zieht grundlos den Kopf ein. Er dagegen hält Zurückhaltung für Schwäche und wird nie verstehen, wieso ihr zu viel Ehrgeiz stinkt. Beide haben das verinnerlicht, beide geben

es an ihre Kinder weiter – sie vor allem, denn sie hat ja sonst nicht viel zu vererben.

6. Dass es nur eine Geldfrage sei, dachte er. Typisch, findet sie. Und richtig liebevoll klingt es heute auch nicht mehr, wenn er sie »mein Milliardengrab« nennt. Neue Straßen, Arbeitsämter – was will sie denn noch?! Einkaufen soll sie und zu Hause bleiben, so wie er das von Frauen kennt – sie aber nicht. Absichtlich hat er sie abhängig gemacht und zur Konsumentin ohne Arbeit abgerichtet. Zur Entschädigung spendierte er ihr ein paar Schönheitsoperationen und schrieb die Kosten als Sonder-AfA vom gemeinsamen Haushaltsgeld ab. Die Fassade gehört ihm nun, dahinter aber hat der scheinbar geniale Kreislauf vom ewigen Wachstum versagt: Verdient er nichts mehr, kann sie nichts ausgeben, also verdient er nichts mehr ...

7. Dass es allein auf ihren Aufschwung ankommt, war eben nur die halbe Wahrheit. Jetzt ist er mit einem Abschwung dran. Die vielen Wünsche seiner jungen Frau bescherten ihm zwar zunächst einen zweiten Frühling. Jeden Mist riss sie ihm aus der Hand. Aber spätestens zur Hochzeit hätte der alternde Bräutigam auch selbst ein paar Laster aufgeben müssen. Schon damals war klar, dass es so nicht weiter geht: mit seiner Rente, seinen Schulden, seiner Kinderlosigkeit. Eitel wie viele alte Männer hat er sich überschätzt und ihr seinen wahren Gesundheitszustand verschwiegen. Nun lacht

sie ihn aus, wenn er sich jede Nacht mit einer anderen Krise rausredet: Nur Geduld! Großmaul! Wir müssen den Gürtel alle ... Ausgerechnet er muss das sagen! Was leere Versprechen und enge Gürtel betrifft, macht er ihr nichts mehr vor. Sie hat schon alles durch, was ihn jetzt verunsichert: Verarmung, Verarschung, Globalisierung – na und? Ihre Ehe hat abgehärtet. Vor allem weiß sie, flexibel und fatalistisch zugleich: Nichts ist für immer.

8. Dass die Mauer nur noch in Köpfen steht, beklagen beide – jeder über die vernagelte Birne des anderen. Der Unterschied ist nur: Er durfte und hat trotzdem nie groß über den Zaun geschaut. Sie dagegen kennt nun beide Seiten und vergleicht, was er sich heftig verbittet: Sie soll endlich aufhören, ihrer Jugend nachzuhängen – ohne Freiheit und Demokratie. Er muss es ja wissen, denkt sie und schweigt. Allein sein Entsetzen über Umfragen und Nichtwähler entschädigt sie jedes Mal.

9. Dass man Unterschiede überwinden kann, ja, »muss«, war offenbar der falsche Ansatz. Von der Unmöglichkeit mal abgesehen: Warum auch? Und warum nur in einer Richtung? Aber er wirft nur noch ein paar Viagra nach, ESM, Bankenrettung – und sucht die Schuld lieber bei ihr. Wer hat ihn denn kaputt gespielt und ausgenommen? Sie kann ihn beruhigen: Bei ihr ist auch nichts mehr zu holen. Und alles halb so schlimm, so ein Systemwechsel über Nacht: Job weg, Haus weg, zwei Welten – mehr nicht.

10. Dass man die Hoffnung nie aufgibt, gehört zum schönen Schein: wegen der Kinder, aus Gewohnheit oder nur, weil man zu viele gemeinsame Schulden hat. Also stoßen sie am 3. Oktober wieder auf ihre kaputte Ehe an. Er hält eine Sonntagsrede. Sie beißt die Zähne zusammen. Er hat extra eine Flasche *Rotkäppchen* besorgt – halbtrocken – und versteht nicht, warum sie schon wieder beleidigt ist: Ich dachte, du magst das Zeug? Du sollst aber nicht für mich denken! Mimose! Wessi! Ossi! Assi! Selber!

3. Oktober 2012

> »Die Titelsucht ist heute in Deutschland genauso groß
> und gefährlich, wie sie im Mittelalter gewesen ist.«
> Kurt Tucholsky

Fälscher, Blender, Schwindel-Westler

Hochstapelei scheint keine ostdeutsche Neigung zu sein. Oder fällt Karriere-Schummelei bei ihnen nur nicht auf, weil ohnehin niemand wichtige Posten bekleidet? Eine Evaluierung.

Na endlich, dachte ich vor ein paar Wochen, als auch mal ein »Leipziger Top-Chirurg« als »Schummel-Professor« entlarvt wurde, so zumindest die hiesigen Schlagzeilen. Der Mediziner soll sich Forschungsergebnisse für Fachartikel ausgedacht haben. Uni-Klinik und er, hieß es lapidar, hätten sich bereits »im gegenseitigen Einvernehmen« getrennt. Dann aber – wie schade – kam doch noch raus, dass der »Leipziger Top-Chirurg« gar keiner war, kein Leipziger jedenfalls: wieder nur ein liederlicher Professor aus dem Westen. Geboren in Saarbrücken, hatte er in Frankfurt am Main sein wissenschaftliches Handwerk gelernt und nach ersten, nun zweifelhaften Erfolgen in Mannheim in Leipzig Karriere gemacht.

Wenige Tage später wurde ein – wie es in den Nachrichten ähnlich vielversprechend hieß – »Brandenburger Ex-Minister« für Betrug, Steuerhinterziehung und falsche eidesstattliche Erklärungen verurteilt. Schon diese Straftaten legten leider nahe, dass der Jura-Professor vielleicht mal Minister war, aber eher kein originärer Brandenburger. Und langsam muss man ja mal fragen, ob Ostdeutsche immer noch blöd genug sind, zum Beispiel Doktorarbeiten selbst zu schreiben – oder nur klug genug, sich nicht erwischen zu lassen? Sind sie tatsächlich ehrlicher oder landen sie – mit oder ohne Titel – nur seltener auf Posten, bei denen missgünstige Wortklauber genauer hinsehen?

Mit dem Franken Karl-Theodor zu Guttenberg fing die Hatz an. Dann gab die Tochter des Bayern-Häuptlings Edmund Stoiber der Schummel-Plattform *Vroniplag* ihren Namen und den Doktortitel ab. Reihenweise folgten Politiker aus Baden-Württemberg, Nordrhein-Westfalen, Hamburg – und blieben meist auch ohne Titel auf Posten und Mandaten kleben. Die bei DDR-Dissertationen obligatorische Arbeit zum Marxismus-Leninismus von Frau Dr. Merkel gilt seit ihrer Machtübernahme leider als verschollen. Nun haben Plagiatjäger erneut die Bundesforschungsministerin auf dem Schirm, ausgerechnet mit einer Arbeit über *Voraussetzungen, Notwendigkeit und Erfordernisse heutiger Gewissensbildung.* Und wo kommt sie her?

Ihr ehemaliger Minister-Kollege in Sachsen – selbstredend auch kein Sachse, so viel Korrektheit muss sein –

wurde gar von seinem Doktorvater in aller Öffentlichkeit »Scharlatan« genannt. Mir persönlich macht es zwar Freude, wenn ein ehemaliger Westprofessor über seinen West-Doktoranden klagt, der hätte »Sprengsätze in den Ellenbogen«. Aber müssen die das unbedingt an der Uni Dresden austragen? Dort beließ man es peinlich berührt bei einer scharfen Rüge. Immerhin gehörte die Uni zum Einflussbereich des Kultusministers, bis der wenig später wegen drohenden Lehrermangels im *PISA*-Musterland zurücktrat. Wieso aber – und damit wieder zum Kern dieser lediglich populärwissenschaftlichen, von mir aus auch populistischen Hypothese – stammt kein verdächtiger Abschreiber aus dem Osten, selbst wenn man sie dort Scharlatan oder Minister nennt?

Richtig übel wird es, wenn sie neben Unvermögen oder Faulheit auch noch über ihre wahre Herkunft hinwegtäuschen. So ist stets von einer »Potsdamer« Honorarprofessorin die Rede, obwohl die ihren Doktortitel wegen »bewusster Irreführung« in Bonn zurückgeben soll. In Halle an der Saale wiederum klagt der Rektor über den ersten und einzigen Fall in der Geschichte seiner Universität, nachdem man einem Amtsleiter der Nachbarstadt Leipzig den Doktortitel entziehen musste. Laut Promotionsausschuss habe er »grob« gegen Standards der wissenschaftlichen Arbeiten verstoßen. Dass er über diese Standards »nicht aufgeklärt wurde«, wie er in der *Leipziger Volkszeitung* beteuert, hielt ihn allerdings nicht davon ab, selbst Abschlussarbeiten von Studenten zu betreuen. Nun wehrt er sich vor Gericht gegen die Aberkennung des Titels und die westdeutsche Uni-Leitung in Halle warnt eindringlich davor, alle Doktoranden »unter Generalverdacht« zu stellen. Vielleicht würde es ja in Zukunft schon reichen, die Herkunft der Anwärter und ihrer Doktorväter zu prüfen – oder einfach nur alle Westdeutschen unter Generalverdacht zu stellen?

Mehr als weniger zufällig stammt natürlich auch der Leipziger Jugendamtsleiter nicht aus den jugendlichen Bundesländern. Seine Dissertation handelt von irgendeinem Sanierungsgebiet in Ludwigshafen – also ganz in der Nähe von Mannheim, wo es schon der »Leipziger Top-Chirurg« nicht so genau nahm. Nur: Was treibt Westdeutsche dazu, sich etwas mehr Glanz vor dem Namen zu erschleichen? Warum muss sich jemand erst wichtig und dabei dermaßen lächerlich machen?

Vermutlich ist es nicht nur Eitelkeit, sondern auch die Scheinwelt, in der sie aufwuchsen. *Blender* heißt ein Sachbuch-Bestseller im Westen, der laut Verlags-Werbung »Luftpumpen und Schlipswichser« entlarvt, aber in ähnlich verständlichen Worten auch erklärt, »warum immer die Falschen Karriere machen«. Ein Tiroler Skilehrer hat es geschrieben, was schon mal vorurteilsfrei für dieses Standardwerk spricht. Vielleicht eignet es sich in westdeutschen Schulen sogar zur Pflichtlektüre? Platz im Lehrplan müsste ja bald sein, seit sogar in der »Blechtrommel« Sätze einer vergessenen Autorin auftauchten, von denen heute niemand mehr sagen kann, wer sich da im wilden Nachkriegs-Westen von wem inspirieren ließ.

In der Schule fängt es jedenfalls schon an. Während unsere Kinder Jahr für Jahr mit Fleiß und noch mehr Glück um die Versetzung kämpfen, höre ich von westdeutschen Eltern immer öfter seltsame Begriffe wie »Nachteilsausgleich«. Im Zweifel lassen sie ihre Kinder einfach von Zensuren in Mathe und Deutsch befreien. Manche können in der neunten Klasse noch nicht richtig lesen. Für irgendein Wald- und Wiesendorf-Abitur reicht es am Ende trotzdem immer. Ist das ein Wunder, wenn sie von Eltern und Lehrern nichts anderes kennen?

In Hamburg wird bereits jede zweite Stunde Mathe von Lehrern unterrichtet, die nie Mathematik studiert haben. Für Grundrechenarten sollte das bei geistig normal entwickelten Erwachsenen und Kindern trotzdem reichen. Dennoch gehörte Hamburg zu den westdeutschen Provinzen, die bei bundesweiten Grundschülertests im Rechnen besonders schlecht abschnitten.

Solange sie später nicht gerade in Leipzig Amtsleiter werden oder als »Top-Chirurg« an Ostdeutschen herumschnippeln wie an fremden Doktorarbeiten, sollen sie doch! In Bayern praktizieren Ärzte ohne Approbation oder sonstige Befähigung schon jetzt so erfolgreich, dass die Polizei, wie vor Kurzem im oberpfälzischen Neutraubling, öffentlich vor Quacksalbern warnt. Warum soll dort keiner wie zu Guttenberg politische Verantwortung übernehmen? Wenn sie nicht mehr über »Gewissensbildung« spricht, kann meinetwegen sogar die Bundesbildungsministerin Job und Doktortitel behalten. Auf Gewissen kommt es im Westen – im Gegensatz zu

Bildung – wirklich nicht an: Gebt Westdeutschen eine zweite Chance. Zur Not auch ohne Titel oder auf dem zweiten Bildungsweg.

November 2012

> *»Die vielbesagte Mauer in den Köpfen*
> *ist oft nur das Brett davor.«*
> Werner Schulz

Schnauze Ossi!

Leider kann man nicht immer nur über peinliche Leute im Westen herziehen. Es gibt auch im Osten welche – sogar Eingeborene. Eine Ausnahme.

Insgeheim habe ich es schon oft gedacht, aber dann doch wieder nichts gesagt. Ich bin ja auch Opportunist – inzwischen schon seit 23 Jahren. Trotzdem muss das jetzt auch mal raus: Schnauze Ossi!

Wenn sich zum Beispiel alte Grenztruppenoffiziere noch mal ihr Lametta umhängen und auf Veteranentreffen schwadronieren, jeder »Grenzverletzer« habe doch gewusst, was er riskiert ... Schnauze! Wenn ich nur ein Kinder-Konto eröffnen möchte, aber die Leipziger Sparkassen-Frau stöhnt, dafür bräuchte man einen Termin, anderthalb Stunden Zeit und ... Schnauze! Wenn der Justizminister von Brandenburg – früher selbst in der SED – ausgerechnet alte Stasi-Richter über SED-

Unrecht urteilen lässt und die »Rechtsstaatlichkeit« von deren Übernahme nach 1990 auch noch von einer ehemaligen SED-Juristin begutachtet wurde ... Schnauze! Schnauze! Schnauze Ossi!

Schon gut, ich weiß: Als man 1950 den Bundesgerichtshof gründete, blickten die meisten Richter ebenfalls auf eine nahtlose Karriere seit 1933 zurück. Bei der Deutschen Bank war das mit dem Kinderkonto in 20 Minuten erledigt, sogar in Leipzig. Und Brandenburg, nun ja, andere Völker, andere Sitten ... Aber will man sich wirklich mit Alt-Nazis im Wesen trösten und vom Taschengeld der eigenen Kinder auch noch Ackermanns Rente finanzieren? Also bitte!

Schnauze Ossi – wenn jetzt auch schon Dresdner in E-Mails »Liebe Alle« oder »Liebe KuK« an Kolleginnen und Kollegen schreiben, dazu »möglichst asap« um eine doppelt dringliche Antwort bitten, darunter statt der westdeutschen »besten Grüße« nur ein »best« ... Es ist – wie man in Sachsen sagt – eine Best.

Schnauze Ossi – wenn ein rechter Stadtrat in Zwickau über Diskriminierung jammert, aber nicht mal eine Frage formulieren kann. Wenn auch ostdeutsche Eltern ihre Kinder immer noch mit Namen wie Jayson, Odin oder Chantal fürs Leben brandmarken. Wenn ich drei Jahre lang Westdeutsche beleidige, provoziere und das Maul verbiete, aber als Einzige eine ehemalige SED-Sportlerin ihren Westanwalt bemühen muss, weil sie nie – ich korrigiere das hiermit ausdrücklich – im FDJ-Hemd von Erich Honecker abgeküsst wurde, auch nicht umgekehrt.

Ein dreifaches »Schnauze Ossi!« für Margot Honecker, die ihre immer noch aufreißt. Und für alle anderen »Es-war-nicht-alles-schlecht«-Spinner ebenso. Immerhin könnte man das mit etwas gutem Willen auch über die BRD sagen – jedenfalls vor 1989 vielleicht. Manche behaupten es dort sogar noch vom Dritte Reich – nur weil Schalke damals ständig Deutscher Meister war.

Also besser Schnauze halten, als darüber klagen, jemand hätte einem nach 1945 oder 1989 »die Identität« genommen. Das gilt leider auch für diejenigen, die nur unter ihresgleichen meckern, aber nach wie vor mit offenem Mund staunen, wenn anders Sozialisierte hemmungslos ihre Persönlichkeit entfalten. Wer sich dafür geniert, den Schwachsinn damals so lange ausgehalten zu haben und das Gleiche nun im Westen tut, wird in 20 Jahren immer noch – und dann erst recht – die Schnauze halten müssen.

Schnauze Ossi – wenn Joachim Gauck auf die Frage, warum er im Osten nicht so beliebt sei wie im Westen, pauschal antwortet: Er fühle sich geehrt, wenn ihn Anhänger der DDR-Diktatur ablehnen. Mit Verlaub, Herr Präsident – Sie sind – oder ich sage es besser mal so: Mir geht es mit Ihnen heute ganz ähnlich wie mit dieser selbstgefälligen DDR-Diktatur damals.

Ein herzhaftes »Заткни глотку!« für Wladimir Putin, der ein paar Punk-Mädchen ins Arbeitslager werfen lässt. Und – ausnahmsweise – für alle westdeutschen Freunde dieser »lupenreinen Demokratie«.

Schnauze Amazon – oder wer auch immer mein

kleines Geschenkbuch für den Chef oder die West-Verwandten in der Kategorie »Ostalgie« einsortiert hat. Schnauze außerdem allen Ostdeutschen, die besonders laut betonen, dass ihre Herkunft nach 1990 nie eine Rolle spielte. Es sind leider oft dieselben Systemstreber (siehe *Schnauze Wessi: Systemstrebergene*), die so reibungslos in der westdeutschen CDU Karriere machen wie damals in der FDJ.

Schnauze Ossi all denen, die angeblich noch nie *Schnauze Wessi* gedacht haben, denn entweder lügen sie dreist oder schwindeln nur höflich. Und natürlich auch jenen, die es manchmal zu oft sagen wie ich. Schnauze Ossi, meinem zweitbesten Freund Ludger, der zwar Münsterländer ist, aber zu gern dazu gehören würde. Vermutlich fühlt er sich jetzt auch noch belobigt.

Schnauze allen Exilanten, die sich von einer Württemberger Bäckereikette »Ossi-Brötchen« andrehen lassen. Obendrein als Marke geschützt und – man glaubt es kaum – mit einem Firmensitz in »Westhausen«. Wer die kauft und sich kindisch darüber freut, kann – frei nach Erich Kästner – auch gleich noch den Kakao dazu trinken, durch den man ihn zieht.

Schnauze Egon! Schnauze Ampelmännchen! Schnauze Witzel, der sich an dieser Stelle schon wieder wundern möchte, warum ausgerechnet dieser Text kürzer ist als sonst. Habe ich jemanden vergessen? Egal: Schnauze alle! Ach, das hat jetzt auch mal gut getan.

November 2012

*»Geschmack. Geschmack.
Sie nennen es Kultur, ich Luxus.«*
Christa Wolf

Barbaren in Barbour-Jacken

Westdeutsche gaukeln sich und anderen gern Vielfalt vor. In Wahrheit denken und verrenken, verkleiden und verhalten sich Opfer der Konsumdiktatur zwanghaft gleich: Ein Armutszeugnis.

Jetzt weiß ich endlich, warum der Westen oft so langweilig und grau wirkt; warum sich die Frauen alle zum Verwechseln ähnlich sehen, überall die gleichen Möbel rumstehen und billig wenigstens teuer aussehen muss – das ganze Geheimnis ihrer immer noch fremden gesellschaftlichen Normen.

Wir saßen in Hamburg um einen Konferenztisch und weil die Kollegen dort stets selbst genug reden, starrte ich zwei Stunden auf ihre Schuhe. Bis auf die unterschiedlichen Farben, Schwarz und Braun, sahen sie mit ihren albernen Lochmustern alle gleich aus. Nach der Sitzung sprach ich einen relativ aufgeschlossenen

Kollegen darauf an, der mir schon öfter die bizarren Rituale seiner Heimat erklärt hatte, meist ganz geduldig. Diesmal jedoch reagierte er gereizt: Die Schuhe von X oder Y hätten nichts mit seinen »Budapestern« zu tun. Ich sollte mir nur mal die Rahmennaht ansehen: »Alles in allem«, schnaubte er beleidigt, »600 Euro!«

Als man sich abends für eine Bar etwas lockerer gemacht hatte, zählte ich immerhin drei verschiedene Schuhmodelle. Fünf von acht Hamburgern trugen eine Art Mokassins, zum Teil mit weißen Sohlen, aber alle mit einer Lederschnur als Reling unter den Knöcheln. Die der anderen sahen aus wie DDR-Fußballschuhe der fünfziger Jahre oder vom Orthopädieschuhmacher. Vier Kolleginnen waren auch mit von der Partie und trugen Ballerinas, zwei sogar extravagant mit Schleifchen. Dafür steckten in ihren Ohren die gleichen Perlen wie vormittags – und bei allen anderen Hamburger Frauen.

Dass es sich bei den Herren um sogenannte Bootsschuhe handelte, erfuhr ich erst nach meinem atemlosen Bericht zuhause. Meine Frau ist in diesen Dingen bewanderter und konnte auch sofort die Marke benennen, deren Signet ich auf jedem zweiten Hemd, jeder Bluse, jedem Pullover für das gestickte Bekenntnis zu einer Hamburger Polomannschaft gehalten hatte. Es war demnach auch nur ein Symbol für Wohlstandsverwahrlosung. Die anderen Treter – das recherchierte ich noch vor Ort – waren Schuhe der Firma *Camper*, die ein ungeschriebenes Gesetz seit Jahren für bestimmte Viertel in Hamburg oder Berlin vorschreibt. Angeblich leicht und bequem. Robust und gesund. Was man sich eben so einredet als Massen-Individualist.

Dann musste ich auch noch miterleben, wie die Männer alle alkoholfreies Weizenbier tranken und auf eine abwertende Bemerkung von mir wie ein Sowjet-Chor antworteten, man schmecke kaum noch Unterschiede. Die Frauen bestellten »BMW«, aber statt ihr Einheits-Auto vorzufahren, brachte der Kellner – ohne eine Spur von Scham oder Ekel – Bier mit Wasser.

Ihr verklemmter Umgang mit Alkohol war mir nicht ganz neu, ebenso die Sehnsucht nach Uniformen. Auch in den besetzten Gebieten treten Westdeutsche gern einheitlich auf: Barbaren in Barbourjacken, gesteppt oder imprägniert. Konsum-Klone. Armani-Armeen ... Bisher hatte ich mir diese Bedürfnisse allerdings damit erklärt, dass sie als Kinder – anders als wir – nicht zu paramilitärischen Appellen antreten mussten. Dass sie dabei besonders kostspielige Marken bevorzugen, schob ich darauf, dass sie falsche Bescheidenheit nicht kennen. Wie auch – ohne richtige? Lange habe ich ihre Modezwänge sogar als Geschmacklosigkeit abgetan oder mit Oberflächlichkeit verwechselt. Wie geschmacklos und oberflächlich von mir!

Tatsächlich steckt viel mehr dahinter – ein Ordnungsprinzip. Sie müssen das tragen, damit jeder jeden sofort sortieren kann: Ob der andere ein Geizhals ist, vielleicht sogar ein Habenichts, weil er nur 280 Euro für Schuhe ausgibt. Für unsereins mag das keinen Unterscheid machen. Sie aber erkennen sich an Perlenohren oder Antworten auf scheinbar beiläufige Fragen nach dem Stadtbezirk, in dem der andere lebt. So wie wir Mitmenschen nach groß und klein, sympathisch oder Arschloch unterscheiden, dienen bei ihnen Schuhe und Adressen der sozialen Orientierung. Eine gewisse Normierung verlangt natürlich auch ihre Werbeindustrie; dafür können sie nichts. Insgesamt aber haben das so unisono nicht mal die Gleichmacher der DDR hinbekommen.

Es ist kein Zufall, dass bei ihnen Ärzte, Anwälte oder einfallslose Architekten alle die gleichen Büromöbel schätzen. Sie haben den Preis jeder einzelnen Edelstahlkugel im Kopf und wissen so auf Anhieb, was der andere für seine Einrichtung bezahlt hat. Bizarrerweise halten sie sich für Exzentriker, wenn sie dazu kopierte Bauhaussofas oder Schreibtischlampen aus italienischem Drahtseil drapieren, wie sie seit 30 Jahren überall stehen. Aber so einfach ist das mit allem, was ihnen lieb und teuer ist: mit den gleichen Sportarten, die sie in den gleichen Clubs treiben, mit den gleichen Gegenden, in denen sie ihren Urlaub verbringen, mit ihren Frauen, die sie operieren lassen, bis alle gleich aussehen, den gleichen Brillengestellen und Autos ... Selbst bei Kinderwagen scheint es mehr auf den Preis anzukommen als auf den Inhalt.

Freilich darf man nicht alle über einen Kamm scheren. Es gibt auch im Westen – das unterschätzt man oft – Millionen Menschen, die nicht in den Angeber-Stadtteilen von München oder Hamburg leben, sondern in Lemgo, Dinslaken oder Illertissen. Die lieber bunte Plastik-Schuhe mit Fersenriemen tragen, zu Musik von Michael Wendler oder den *Scorpions* ausflippen und – egal ob am Niederrhein oder in Niederbayern – die gleichen Häuser schick finden wie der letzte Bundespräsident aus Niedersachsen.

Leider färbt das namhaft niedrige Niveau dieser Niederungen über Kabel und Satellit bis in die Oberlausitz ab. Nicht mal ich bin immun gegen alles. Einmal habe ich mir in Tunesien extra die gleiche *Rolex Submariner Black* gekauft, wie sie mein Chef bei Gelegenheit aus dem Jackett-Ärmel schüttelt. Nach dem Urlaub stand ein Gehaltsgespräch an und ich spekulierte darauf, dass er das billige Plagiat sofort erkennt und Mitleid hat. Aber nix! Im Zweifel sehen sie auch großzügig über alle Anpassungsbemühungen hinweg.

Sie selbst können sich solchen Zwängen nicht mal entziehen, wenn sie in kulturvollere Gegenden übersiedeln. In Leipzig, beispielsweise, gibt es einen – leider – einheimischen Maler, der seit 20 Jahren die gleichen bunten Kinderfratzen malt und schon die halbe Stadt vollgeschmiert hat. Die neuen Besitzer der Fassaden haben einen Narren an ihm gefressen. Sie halten den Einfaltspinsel für einen Künstler, für die berühmte Leipziger Schule womöglich, von der sie gehört haben. Es ist eine Seuche!

Nun wollen sie auch noch Handyladegeräte normieren, Abiturprüfungen gleichschalten. Schulessen für alle! Wenn es sie tröstet, sollen sie dabei ruhig weiter glauben, Finnland hätte die moderne Einheitsschule erfunden. Nur: Was bleibt von der scheinbaren Vielfalt des Westens überhaupt noch übrig, wenn die veralteten Bundesländer ihre eigenwilligen Schulsysteme glätten und arme Kinder plötzlich überall neben reichen Dummköpfen sitzen – vielleicht sogar zehn Jahre in der gleichen Schule?! Sind wir dafür über Ungarn abgehauen? Für Budapester Einheitsschuhe und Bier mit Wasser?

Nein. Also müssen wir ihnen beibringen, wie man Gleichmachern die Stirn bietet. Wie man sich individuell betrinkt und dass es nicht darauf ankommt, ob man Gummistiefel von *Deichmann* oder *Dior* auf DIN-Diktatoren wirft. Hauptsache, sie fliegen gut: Freiheit für Westdeutschland!

Januar 2013

> *»Mit Freiheitsstrafe bis zu fünf Jahren oder mit Geldstrafe wird bestraft, ... wer eine nukleare Explosion verursacht.«*
> § 328 StGB, BRD

Wehret den Anfängen: CDU-Verbot jetzt!

60-Watt-Glühbirnen, Mädchenbeschneidung oder Trabis in der Umweltzone – viele Verbote nähren Zweifel an der Freiheit des Westens. Höchste Zeit für ein neues Verbotsverfahren. Ein Antrag.

Vorhaut hin oder her – beinahe hätte die Kölner Puller-Fatwa das Grundrecht auf körperliche Unversehrtheit doch tatsächlich auf Kinder ausgedehnt, die nicht in katholischen Internaten Westdeutschlands aufwachsen. Bald soll zwar wieder jeder nach Lust und Glauben an Kindern rumschnippeln dürfen, zumindest an Jungs. Was aber, fragen traditionsbewusste Familien aus Ägypten oder Frankfurt/Oder, ist mit unseren Mädchen?

Ein anderes westdeutsches Gericht verbietet Polizisten plötzlich, Menschen nur aufgrund ihrer Hautfarbe zu kontrollieren. Gleichzeitig sollen nach Frankreich und Belgien künftig auch in Holland religiöse Vollschleier wie Burkas verboten sein. Westeuropa möchte gern sehen, was die geheimnisvolle Frau des mittleren Ostens drunter trägt. An den nahöstlichen Stränden auf Rügen sind dagegen die letzten FKK-Reservate bedroht. Dort zahlen Frauen Strafe, wenn sie sich ausziehen – in Paris, wenn sie es nicht tun: Mal ist es dem Westen zu wenig Haut, mal zu viel – allein das zeigt schon, dass weder das eine noch das andere etwas mit Kinder-, Frauen- oder gar Menschenrechten zu tun hat.

Zwar soll sich nach Angaben der französischen Regierung die Zahl der Burkas im Pariser Straßenbild seit dem Verbot halbiert haben. Ebenso geht der Anteil ostdeutscher Ostseeurlauber zurück (siehe *Schnauze Wessi: Nie wieder Ostsee*). Aber das sind nur Etappensiege: Wahrscheinlich müssen viele Pariserinnen seitdem zu Hause bleiben. Und trotz textilverseuchter Dünen geraten Mecklenburger Tugendwächter auf 400-Euro-Basis immer wieder in Verlegenheit, wenn ausgerechnet westdeutsche Urlauberinnen dennoch oben ohne baden. Oft auch noch von Chirurgen verstümmelt ...

Jedes Verbot – das ist das Problem mit Verboten – wirft neue Fragen auf: Wie bestraft man Moslems, die den Hausarrest ihrer Frauen nicht rigoros durchsetzen? Dürfen sich Kinder auch auf körperliche Selbstbestimmung berufen, wenn Papa bei ihren Fingernägeln zu knapp ansetzt? Müsste man – bevor Piraten mit Palästinensertüchern auch noch in den Bundes-Reichstag einziehen – aus Rücksicht auf internationale Beziehungen nicht vorsorglich ein Piratentuch-Verbot in Parlamenten durchsetzen? Aber was wird dann aus dem Fasching in der Bundestags-Kita?

Schon gut, ich weiß: Nach 60 Jahren Diktatur und 22 Jahren Besatzungsregime sollten auch Ostdeutschen alle möglichen Verbote geläufig sein. Unerfahrene Demokraten wie mich irritiert das trotzdem immer noch. Oft klafft da eine Lücke zwischen westlichem Anspruch und Wirklichkeit, die sich selbst durch beherzte Verbote nicht füllen lässt.

Wieso muss ich zum Beispiel, seit es endlich schnelle Autos und glatte Autobahnen gibt, ständig meinen Führerschein abgeben? Warum werde ich im Urlaub hinter Stacheldraht (siehe *Schnauze Wessi: Das Robinson-Regime*) gepfercht, wenn mir angeblich die Welt offen steht? Und wie will man Sachsen und Mecklenburgern, die trotz all dieser Enttäuschungen immer noch wählen gehen, erklären, dass ihre NPD-Abgeordneten auf einmal illegal in den Landtagen sitzen? Noch dazu, wenn diese peinlichen Figuren meist selbst aus dem angeblich freieren Deutschland stammen ...

Ein Parteiverbot oder entsprechende Lippenbekenntnisse mögen auch in einer Demokratie bewährte Beruhigungsmittel sein. Aber ist das wirklich so »souverän«, wie sie es nennen? Statt die NPD zu verbieten, könnte man deren Einfluss schon halbieren, wenn man alle V-Leute abzöge. Dazu ein Einreiseverbot für Anführer aus den ewig gestrigen Bundesländern – und die Mitglieder würden in Sachsen kaum noch für den Eintrag ins Vereinsregister reichen. So aber fällt es Behörden und Politik trotz aller Mühe schwer, eine belastbare Verbindung zwischen Nazi-Terroristen und dem Ruderachter der Frauen herzustellen. Dabei trugen in London noch mehr Sportler stolz die Trainingsanzüge einer Firma, die eifrige Nazis gegründet haben. Und wenn das westdeutsche Verfassungsschützer (siehe Seite 71: *Thüringer Schläfer, hessische Penner*) unter CDU-Regierungen alles deckten, womöglich finanzierten, nicht zuletzt von Steuergeldern rudern und dubiosen Firmen ausrüsten ließen – wieso denkt dann niemand an ein Verbot der CDU?

Augenscheinlich um davon abzulenken, diskutiert die gleiche Partei lieber neue Verbote: So sollen laut einem Vorstoß der CDU-Nachwuchs-Streber auf dem letzten Bundesparteitag gefährliche Gegenstände wie Hammer und Zirkel, FDJ-Sonne und andere Relikte der DDR-Folklore künftig bei Strafe aus der Öffentlichkeit verschwinden. Dagegen ist an sich wenig zu sagen: Es sind ohnehin meist Westdeutsche, die es lustig finden, alte NVA-Trainingsjacken zu tragen, oder die wie die Hamburgerin Angela Merkel ungeniert zugeben, dass sie »gern« in der Freien Deutschen Jugend (FDJ) waren. Die Frage ist nur, was das für die CDU und die heutige Bundesregierung bedeutet?

Vermutlich nicht viel: Nach immer neuen verfassungswidrigen Gesetzen, ja sogar dem Wahlgesetz, mit dessen Hilfe sich die Partei an die Macht putschte, hat der Innenminister seine Kollegen ohnehin auf dem Verbotszettel.

Die FDJ wurde in Westdeutschland schon 1951 verboten. Sie hatte eine Volksbefragung gegen die Wiederbewaffnung vorbereitet – seinerzeit noch ein echter Aufreger wie heute höchstens Bahnhofsumbauten in Stuttgart. Allerdings fackelte die damalige CDU-Regierung nicht lange demokratisch herum und verbot die Volksbefragung per Erlass gleich mit. Schwer zu recherchieren ist dagegen, ob das FDJ-Verbot heute immer noch gilt und ob ihre Funktionärin Angela Merkel schon 1989, erst 1990 oder überhaupt noch nicht offiziell ausgetreten ist.

Durch personelle Verquickungen dieser Art könnte es bei CDU- oder nachträglichen DDR-Verboten zu ähnlichen Schwierigkeiten kommen wie beim letzten Versuch mit der NPD oder nach 1945 im Westen. Außerdem müssten Tausende Werkvertrags-Sklaven in den Autofabriken rund um Leipzig sofort ihren Hammer fallen lassen, der Geometrieunterricht ohne Zeichenzirkel auskommen ...

Aber kommt es darauf noch an? Trabis in Umweltzonen. Raucher in Lehrerzimmern. Alkohol in der Öffentlichkeit, wie es mein westdeutscher Lieblings-Ost-Experte empfiehlt (siehe *Schnauze Wessi: Das Pfeiffersche-Drübenfieber*). Glühbirnen! Bald – darauf läuft es sowieso raus – verbietet sich der Westen von selbst.

Wenn schon Verbote als »Zivilcourage« gefeiert werden, muss etwas faul sein mit der selbstbewussten Freiheit. Aber vielleicht sehnt sich der Westen ja danach? Vielleicht hat er schon vergessen, dass kein Verbot folgenlos bleibt? In bayerischen Schulen war zum Beispiel noch bis 1927 Fußball verboten – und heute wundern sich alle, dass es eine von Bayern dominierte Nationalmannschaft nicht bringt! Die DDR verbot 1954 das Nacktbaden, 1961 kam bei Lebensgefahr ein allgemeines Reiseverbot dazu. Beide Verbote hatten verheerende Auswirkungen für das Land.

Ein paar besonders eifrige westdeutsche Gerichte wollten 2005/2006 ein besonderes Verbotszeichen setzen, indem sie Verbotszeichen verboten. In Mannheim, Tübingen und Stuttgart verurteilte man junge Leute, die durchgestrichene Hakenkreuze trugen. Allerdings hatte der Bundesgerichtshof schon 1973 festgestellt, dass es nicht verboten sei, Verbotszeichen mit verbotenen Zeichen zu tragen, wenn sie »offenkundig und eindeutig« die Bekämpfung eben jener Ideologie zum Ausdruck bringen. Insofern kann es – zumindest bisher – auch nicht verboten sein, ein CDU-Verbotsverfahren zu fordern oder es mal »eindeutig und offenkundig« so auszudrücken: *Schnauze Wessi!*

Dezember 2012

»Lieber ein kalter Krieger, als ein warmer Bruder.«
Franz Josef Strauß, 1971

Das Maß aller Dinge

Mit »vor und nach 89« gilt in Ostdeutschland zwar eine eigene Zeitrechnung. Alles andere wird aber nach wie vor am Westen gemessen: Geschichte, Indianer, jeder Pups. Eine Maßnahme.

Seit wir alles über Hitlers Helfer wissen – seine Hunde, Frauen und Grillrezepte – widmet sich Guido Knopp auch mal jüngeren Themen. In der Reihe *Bilder, die Geschichte machten* ging es neulich um Willy Brandts Kniefall 1970 in Warschau und der Off-Sprecher schwadronierte im dramatischen Präsens: »25 Jahre nach Kriegsende gibt es immer noch keine diplomatischen Beziehungen zwischen Deutschland und Polen ...«

Moment, dachte ich, 1970? Da war doch noch was, die DDR zum Beispiel oder der Warschauer Vertrag ... – aber dann war der Beitrag auch schon vorbei: »Nur 41 Prozent der Deutschen«, hieß es am Ende noch, »halten damals den Kniefall für richtig, die Mehrheit hält ihn für unangemessen.«

Obwohl die einzig wahren Deutschen schon immer gern für die anderen mitsprachen, wird die »DDR« beim ZDF inzwischen nicht mal mehr in läppischen Gänsefüßchen erwähnt. Für öffentlich-rechtliche »Historiker« gibt es konsequenterweise auch im Rückblick nur ein Deutschland. Und wenn dort 1970 etwas für richtig oder unangemessen gehalten wurde, sind 100 Prozent »der Deutschen« automatisch die, die man damals befragen konnte. Der Rest wird heute ebenso unterschlagen wie seinerzeit deren »Oder-Neiße-Friedensgrenze« zu Polen.

Wahrscheinlich ist das nicht mal böse Absicht, kalter Krieg oder nur Gedankenlosigkeit. Westdeutsche Medien sind es gewohnt, scheinbar komplizierte Dinge zu vereinfachen, bekannten Mustern und dem Horizont ihrer Zuschauer anzupassen. Ob bei historischen Vergleichen, weltweit oder innerdeutsch, in der Politik oder zwischen Birnen und Apfelmus: Der Westen ist das Maß aller Dinge, egal wie vermessen das ist – im doppelten Sinn.

Fordert ein Tsunami im fernen Osten mehr als 230.000 Todesopfer, ist das acht Jahre später kaum noch eine Meldung wert; der Untergang der Titanic vor 100 Jahren mit nur 1500 Toten – aber dafür im westlichen Atlantik – Grund für wochenlange Erinnerungsorgien.

Berichtet die *Tagesschau* über die dramatische Bevölkerungsentwicklung, nach der »nie weniger Babys geboren wurden als im vergangenen Jahr«, wird als Vergleich ohne Hemmung allein das westdeutsche Jahr

1964 herangezogen. Damals, heißt es dann, wurden »in Deutschland« noch knapp 1,4 Millionen Babys geboren. Will dagegen die Schutzgemeinschaft für allgemeine Kreditsicherung (*Schufa*) Informationen aus Facebook nutzen, ist schnell von »Stasi-Methoden« die Rede, obwohl bisher kein einziger Fall bekannt ist, bei dem die Stasi Facebook anzapfte.

Anders als bei normalen Schauspielern aus Hamburg oder Köln gilt für Kollegen mit DDR-Wurzeln dafür immer noch die Berufsbezeichnung »Ost-Schauspieler«. In den meisten Fällen ist das kein Makel – immerhin ist Babelsberg angeblich auch »das neue Hollywood«. Aber wieso ist Manfred Krug, wenn er 75 Jahre alt wird – von denen das ehemalige Telekom-Maskottchen nicht mal 30 in der DDR verbrachte – für den *Kölner Stadtanzeiger* nach wie vor *»Die funky Seele des Sozialismus«*?

Der Westen braucht Klischees, um bestimmte Phänomene zu verkraften. Wenn etwa ein Ostberliner Eishockey-Verein viele Fans hat, dann staunt die *ZEIT* über den »FC Bayern des Ostens«. *Spiegel online*, eine weitgehend überschätzte Nachrichtenseite aus Hamburg, erklärt – in diesem Bild vermutlich schon tausendmal gedroschen – die DDR-Modezeitschrift *Sibylle* zur *»Vogue des Ostens«*. Die Vergleiche können noch so einfältig sein, Hauptsache, sie kommen von oben herab und der Ahnungslosigkeit der eigenen Landsleute entgegen, ohne daran viel zu ändern.

Was aber würden Vogue-Verleger und Models sagen, wenn man ihr Blatt als *»Sibylle des Westens«* beschreiben würde? Ist dieser Umkehrschluss eine zulässige Abwertung oder eine unzulässige Aufwertung der *Vogue*? Der *Stern* wäre demnach – jedenfalls, was die regionale Verbreitung betrifft – so etwas wie die »*SuperIllu* der alten BRD«. Ein *Mercedes* der *Wartburg* des Westens; Thilo Sarrazin der Karl-Eduard von Schnitzler der SPD ... Und warum spricht eigentlich niemand mal deutlicher aus, dass der Euro die Ostmark unter den Weltwährungen ist?

Im Fall der beiden deutschen Film-Indianer wird die überhebliche Verschiebung der Maßstäbe besonders deutlich: Gojko Mitić, Häuptling aller *DEFA*-Indianerfilme, muss sich nun schon seit Jahrzehnten als »DDR-Winnetou« bezeichnen lassen oder – wie in der westdeutschen Zeitung mit dem ebenso anmaßenden Titel *Die Welt* – noch despektierlicher: »Pierre Brice des Ostens«. Dabei sah der ostdeutsche Serbe nicht nur besser aus, hatte mehr Muskeln und viel mehr Rollen zu spielen, als immer nur eine. Er kämpfte auch lieber und quatschte weniger als der westdeutsche Franzosen-Häuptling. Schließlich nahm er ihm 1992 sogar den Job in Bad Segeberg weg – einer der wenigen Fälle, bei denen selbst im wilden Westen mal das Gute siegte.

Bei den wichtigen Fragen der Zeit gilt weiter zweierlei Maß: Der globale Westen bestimmt, wer Atomwaffen haben darf und wer nicht. Echte Bundesbürger dürfen pro Jahr durchschnittlich 50 Stunden im Stau stehen. Auf den neuen Autobahnen im Osten wird es diese schöne Form der gemeinsamen Freizeitgestaltung nach Berechnungen des *ADAC* bis 2025 kaum noch geben.

Während in Sachsen-Anhalt Schornsteinfeger mit Hitlerbärtchen nicht mal mehr Fußball-Kinder trainieren und Essen kehren dürfen, treten im Westen hochrangige NPD-Funktionäre unbehelligt als Schiedsrichter auf.

Aus ähnlichen Gründen sollte zunächst auch der sogenannte *Hilfsfond für Heimkinder* nur westdeutsche Opfer von Demütigung, Prügel und Zwangsarbeit entschädigen, Kinder aus DDR-Heimen nicht. Die Begründung war nach Westmaßstäben nur logisch: Wer ohnehin in einer Diktatur geboren wurde, hat natürlich auch nicht den gleichen Anspruch auf körperliche oder gar seelische Unversehrtheit wie Kinder, die eigentlich – nun ja – in einem Rechtsstaat aufwuchsen. Misshandlungen gehörten demzufolge zum Alltag in der DDR. Pech für die Kinder – selbst schuld. Erst nach Protesten der Opfer stellte sich heraus, dass im Osten auch nicht anders geschlagen, missbraucht und darunter gelitten wurde. Nun soll auch dort entschädigt werden – vermutlich mit 70 Prozent Schmerzensgeld West, falls sie immer noch im unglücklicheren Teil des Landes leben.

Das können sie leicht im *Glücksatlas* nachschlagen, in dem die Post jährlich die Zufriedenheit der Deutschen kartografiert. 2012 kaprizierten sich die Zeitungsmeldungen dazu fast alle auf den geschmolzenen Abstand zwischen tendenziell eher unglücklicheren Ostdeutschen und dem personifizierten Glück im Westen. Die Lebenszufriedenheit dort gilt dabei selbstverständlich als Maximum – ebenso bezeichnend die Faktoren, die darauf Einfluss nehmen: Häuschen, Einkommen, Arbeit ... »Macht Geld glücklich?«, heißt es an einer Stelle explizit, und die westdeutsche Mehrheit antwortet: »Ja, vor allem wenn man mehr verdient als das eigene Umfeld.« Von der Einkommenshöhe mal abgesehen ist es kein Wunder, dass der Osten in so einer schadenfrohen Kategorie hinten liegt. Nach genauerem Studium der restlichen Daten ist auch der sinkende »Glücksabstand« schnell erklärt: Im Osten hat sich die Lebenszufriedenheit nämlich kaum geändert. Tatsächlich ist lediglich der Westen ein wenig unglücklicher geworden. Jammerlappen!

Ist das ein Trend? Sind die galoppierenden Krisen womöglich Vorboten einer Perestroika des Westens? Seine Schulden ein falsches Versprechen wie der Sozialismus? Prager Frühling in Athen? Solange Glück in Euro gemessen wird, scheinen zwar noch westliche Werte zu gelten. Aber daran klammerten sich Betonköpfe 1989 auch bis zum Schluss. Die Politbüros des Westens wirken ähnlich ratlos. Viel Glück jedenfalls! Echtes Glück.

Dezember 2012

> »An die dumme Stirne gehört als Argument
> von Rechts wegen die geballte Faust.«
> Friedrich Nietzsche

Die Braune Banane 2012

Fest der Liebe, Geschenke, besinnlicher Rückblick – all das verspricht auch die Wahl zum »Besserwisser des Jahres«. Etliche Bewerber rangeln bereits um die Shortlist. Eine Auszeichnung.

Es war wieder ein gutes Jahr für Klugscheißer und Besserwisser – und damit auch für diese Kolumne. Als kleines Dankeschön soll 2012 erstmals ein Preis für die schönste Vorlage zu *Schnauze Wessi* verliehen werden. Gestiftet hat die *Braune Banane* mein vietnamesischer Gemüsehändler, der sie gerade wegwerfen wollte. Es ist ein weiches, fast schimmliges und im deutsch-deutschen Diskurs völlig überbewertetes Stück Obst. Bevor sie ganz zerläuft und stinkt, muss nur noch der würdigste Preisträger gefunden werden.

Ganz im Zeichen der flüssigen Demokratie – oder übersetzt man liquid besser mit flüchtig? – kann auf der Facebook-Seite von *Schnauze Wessi* (http://www.facebook.com/schnauze.wessi) abgestimmt werden. Außer den bereits nominierten Kandidaten sind weitere Vorschläge (inklusive kurzer Begründung mit Zitat) willkommen. Aber bitte keine Eigenbewerbungen! Ein paar Anwärter stelle ich hier schon mal vor. Auswahl und Reihenfolge sind – damit sich hinterher niemand über fehlende Quoten oder andere Benachteiligung beschwert – rein willkürlich:

Eine verdiente Preisträgerin wäre zum Beispiel die »Politikberaterin« Gertrud Höhler, von der nie ganz klar wurde, wen sie tatsächlich mal beraten hat. Sie erregte im Sommer etwas Aufsehen mit ihrem Buch *Die Patin*. Es handelt von Angela Merkel, für die Autorin eine »Fremde aus Anderland«, die sowohl ihre Partei als auch das Land heimlich stalinistisch umgestalte. Die These vom Ende der Demokratie – zumindest das, was der Westen lange dafür hielt – ist vielleicht ganz interessant, aber der Zusammenhang mit Merkels Ost-Sozialisation wenn nicht banal, so doch wenigstens Banane.

In eine ähnlich ausgewetzte Kerbe schlugen im Frühjahr ein paar verarmte Ruhrpott-Bürgermeister, die wider besseres Wissen die Abschaffung des »Ost-Soli« forderten. Vor allem Dortmunds Oberbürgermeister Ullrich Sierau (SPD) tat sich mit jämmerlichen Zitaten von einem »perversen System« hervor, nachdem sich westdeutsche Städte für den Aufbau Ost angeblich hoch verschulden müssten. In Wahrheit stammen ihre Schulden bereits aus den achtziger Jahren. Dafür aber wurden wieder mal Soli-Steuer und Solidarpakt in der Ost-West-Neiddebatte schön vermischt und Herr Sierau soll schon aus Mitleid eine Chance auf den – im Übrigen undotierten – Preis erhalten.

Eine vielversprechende Bewerbung lieferte auch der Frankfurter Schriftsteller Martin Mosebach ab, als er einen Zusammenhang zwischen dem wirtschaftlichen Erfolg im überwiegend gläubigen Westdeutschland zu Armut und Atheismus im Osten herstellte. Am besten gefiel der Vorjury ein Interview-Zitat: »Deutschland war immer ein geteiltes Land. Schon als es in die Geschichte eintrat, bestand es aus einem römisch beherrschten Teil und einem barbarisch gebliebenen Teil.«

Immer mit im Rennen, wenn auch schon oft knapp vorbei, ist natürlich Professor Christian Pfeiffer. Der aus Funk und Fernsehen bekannte Kriminologe wurde zwar bereits mit einer eigenen Kolumne (siehe *Schnauze Wessi: Das Pfeiffersche Drübenfieber*) geehrt. Ich persönlich würde mich trotzdem freuen, wenn mein westdeutscher Lieblings-Ost-Experte auch ein paar Stimmen erhält – notfalls für sein Lebenswerk. Natürlich können Sie aber auch einfach pauschal »Mein Chef« oder »Mein zweitbester Freund Ludger« ankreuzen, die dann – ähnlich wie die EU für den Frieden – mehr oder weniger anonym für alle Flachzangen aus dem Westen stehen, die Sie aus Angst um ihren Job oder Takt nicht namentlich anprangern wollen.

Einen in jeder Beziehung preiswerten Zynismus lieferte der Schwabe Sven Morlok (FDP) – seit 2009 Wirtschaftsminister in Sachsen – für ein Interview mit der *Sächsischen Zeitung* ab. In der Diskussion um Mindestlöhne warnte er vor einer »De-Industrialisierung« des Ostens, als hätten das Seinesgleichen nicht schon vor 20 Jahren erledigt. Zwar ist klar, was der Gastpolitiker fürchtet: nämlich Schaden für die Schattenwirtschaft aus Leih- und Billiglohn-Sklaven in Sachsen. Aber wer das so offen ausspricht, hat – wenn schon keine Dresche – mindestens eine Anerkennung für dreiste Ehrlichkeit verdient.

Hendrik Steckhan, Geschäftsführer von Coca Cola Deutschland, leistete sich eine ähnliche Geschmacklosigkeit: »Die Ostdeutschen mögen es süßer«, zitiert ihn die überregionale Westzeitung *Die Welt*. »Deswegen haben wir extra für den Osten eine Fanta mit Erdbeergeschmack entwickelt.« Im Mutterland seiner Firma würde so ein Spruch über pauschale Vorlieben ethnischer Minderheiten vermutlich als Rassismus angeprangert. Hierzulande ist allein die Vorstellung eklig. Aber vielleicht mag er ja – extra für Leute wie ihn entwickelt, überreif und angegoren – eine Bananen-Fanta?

Willkommener Anlass für etliche Wortmeldungen der üblichen Klüglinge war natürlich auch die Terrorzelle »NSU« und die Ermittlungs-Skandale dazu. Stellvertretend für alle hauptamtlichen Versager – wie es der Zufall will, ausnahmslos Westler – wäre sicher der ehemalige Präsident des Thüringer Verfassungsschutzes ein ehrenvoller Preisträger. Den Vernehmungen Helmut Roewers vor diversen Untersuchungsausschüssen verdanken wir nicht nur haarsträubende Einblicke in die

Postenvergabe der Jahre nach 1990, als die einzigen Voraussetzungen offenbar Westherkunft und Trinkfestigkeit waren. »Wenn Sie es genau wissen wollen«, zitierte ihn dazu die *Frankfurter Allgemeine Zeitung* über den Moment seiner Ernennung: »Ich war betrunken.« In seinen Tagebuchaufzeichnungen beschreibt er obendrein detailliert, warum es in Ostdeutschland, »das sich von den westlichen Lebenswirklichkeiten diametral unterschied«, so schwer war, ein paar Neonazis im Auge zu behalten: Einmal war er zum Beispiel bei einem »Mexikaner, den man angeblich gesehen haben muss. Jedenfalls vertrug ich das Essen dort nicht.«

Eine sonst geschätzte Kollegin von der *Süddeutschen Zeitung* empfahl sich zum gleichen Thema mit einem Kommentar. Unter der Überschrift *Das Gift der Diktatur* ist es für Constanze von Bullion »kein Zufall, dass die braune Mörderbande aus Jena stammt und nicht aus Detmold.« Die Autorin fragt sich außerdem, ob da eine Generation Rache an den sozialistischen Eltern genommen habe – und antwortet auch selbst: »Zugegeben, genau weiß man es nicht ...« Umso genauer kennt sie die Verhältnisse im Osten: »Familie, das war wichtig in der DDR, Zuflucht vor staatlicher Drangsal, noch öfter Hort ideologischer Schulung.« Zumindest »im Rückblick« stößt sie »auf eine erstaunlich niedrige Betriebstemperatur bei der Aufzucht des Nachwuchses.« Ich gebe das hier nur deshalb so ausführlich wieder, weil ich mich in diesem Fall kaum für den klügsten Gedanken entscheiden kann. Auch schön: »Die Spurensuche führt zu

Tugenden, die schon die erste deutsche Diktatur zusammenhielten: Überhöhung der Gemeinschaft, Einordnung in autoritäre Denkmuster, ins große Ganze ...«

Genau. Und weil ich der »überhöhten Gemeinschaft« nicht vorgreifen möchte, darf ich noch einmal autoritär an die alten Tugenden erinnern: Wer soll die »Braune Banane 2012« bekommen? Jede Stimme zählt. Geben Sie – ausnahmsweise – auch mal den schlimmsten Besserwissern eine Chance!

Dezember 2012

P.S. Der Sieger wollte den Preis nicht annehmen und auch einer Veröffentlichung seines Namens nicht zustimmen. Schade. Manchmal stehen sich Westdeutsche mit ihrer Bescheidenheit selbst im Weg.

Januar 2013

> »Lasst euch von keinem Menschen
> so sehr erniedrigen, dass ihr ihn hasst.«
> Martin Luther King

»Die Neger der Nation«

Mit der Theorie der Dominanzkultur erklärten Soziologen ursprünglich, warum Afroamerikaner in ihrem Land viel zu lange viel zu wenig zu sagen hatten. Eine Erleuchtung.

Es gibt sehr unterschiedliche Ansichten, wann die »Deutsche Einheit« vollendet ist. Ostdeutsche Kabarettisten kalauern darüber gern, wenn der letzte ihrer Art aus dem Grundbuch verschwunden sei – also ungefähr jetzt. Der Brandenburger Ministerpräsident Matthias Platzeck möchte dagegen erst von Normalität sprechen, »wenn ein Sachse in Hamburg Sparkassendirektor wird.« Also nie. Selbst optimistische Musterschüler wie Joachim Gauck schätzen, dass Ostdeutsche – also alle außer ihm – noch etwa 20 Jahre brauchen, »um von dem Status der Abhängigkeit und der Unterdrückung in den Status eines freien Menschen zu gelangen«.

Wann das bei Westdeutschen so weit ist, sagt leider

niemand. Oder warum Ostdeutsche nach 22 Jahren auch in ihren Siedlungsgebieten so selten Sparkassendirektor sind – wenigstens zum Üben? Und doch gibt es für diese Phänomene eine überraschend plausible Erklärung, von der ich erstmals bei einem Vortrag über die sogenannte Dominanzkultur hörte. Prof. Dr. Ingrid Miethe von der Universität Gießen sprach von *Ostdeutsch-Sein im erweiterten Westdeutschland* und Stammleser werden vielleicht staunen, dass ich mich in diesem Zusammenhang allen Ernstes auf eine Erziehungswissenschaftlerin aus Hessen berufe. Aber genau das ist vermutlich schon die Froschperspektive der Dominierten.

Frau Professor Miethe konnte ihre akademische Laufbahn überhaupt erst nach 1990 beginnen, weil sie den Lebenslaufverwaltern der DDR zu aufsässig vorkam. Heute ist sie als ostdeutsche Professorin an einer westdeutschen Universität wieder eine Ausnahme – nicht nur im Gegensatz zu fast 100 Prozent westdeutsch besetzter Lehrstühle an ostdeutschen Unis, sondern auch in der Klarheit, mit der sie über ihre Erfahrungen sagt: »Wir müssen immer dreimal besser sein.«

Ohne mit der Wimper zu zucken, überträgt sie die Theorie der Dominanzkultur auf die westdeutsche Mehrheitsgesellschaft. Das Modell von neuer Ausgrenzung durch erdrückende Umarmungen beschreibt ursprünglich Probleme der amerikanischen Bürgerrechtsbewegung, des Feminismus oder bei Migranten und geht grob zusammengefasst so: Die dominante Mehrheit einer Gesellschaft will ihre Privilegien behalten, die

Unterprivilegierten wollen daran teilhaben. Anders als in offenen Diktaturen reden sich gleichzeitig alle ein, sie wären eigentlich gleich oder hätten zumindest die gleichen Voraussetzungen – und verfestigen dadurch nur die herrschende Ungleichheit. So habe ich es zumindest verstanden.

Besonders perfide sind die Wechselwirkungen und Mechanismen, mit denen die dominante Mehrheit dem anderen Teil einer Gesellschaft seine Identität abspricht. Ungleichheit wird geleugnet, letztlich auch von den Dominierten, die ihre Identität – wie gewünscht – abzulegen versuchen, sich mit den Dominanten identifizieren, ja diese sogar imitieren, um scheinbar dazu gehören zu dürfen. So werden unauffällig politische, soziale und ökonomische Hierarchien zementiert. Alte Machtverhältnisse reproduzieren sich in unbewussten Verhaltensvorschriften – und wenn jemand ein Problem damit hat, ist das allein sein Problem. Dann ist er ein ewig Gestriger und selbst schuld, wenn er »nicht im Westen ankommt«. (siehe Seite 118: *Der Letzte macht das Licht aus*) Jede Abweichung wird individualisiert, umgekehrt, notfalls neu konstruiert: Wer nicht hüpft, ist Kommunist. Der Böse, das Exotische, die »Fremde aus dem Anderland«.

Es war, als nähme mir Ingrid Miethe eine Augenbinde ab, und seitdem beherzige ich ihre Ratschläge unter anderem an dieser Stelle: Zum Beispiel müsse man, so die Professorin, die eigene Identität offensiv positiv besetzen, ohne in eine Trotz-Identität zu verfallen. Meine

Rede: *Schnauze Wessi!* Wer sich jedoch auf diese Weise »explizit exponiere, Ruhe und Selbstverständlichkeit der Dominanzkultur störe«, so ihr Vortrag weiter, müsse auch riskante Zuschreibungen in Kauf nehmen. Und doch lache ich nur noch über Leserbriefe wie »Spalter! Hetzer! Zonenlümmel!«. (siehe Seite 7) Es könne sogar, warnte Frau Miethe, »karrierestrategisch nicht klug« sein, »sich zu einer marginalisierten Gruppe zu bekennen«. Aber hey: *Schnauze Wessi* hat – von einem West-Verlag als Geschenkbuch getarnt – inzwischen vier Auflagen!

Vermutlich gehören diese Leser und Verschenker zu den »osthomogenen Gruppen«, zu denen die Professorin rät, bevor man sich – nur »nicht zu schnell!« – in die »gesamtdeutsche Auseinandersetzung« stürzt. Das allerdings sehe ich anders: Immer drauf! Denn tatsächlich sind die Parallelen zu anderen Apartheidregimes kaum noch zu übersehen.

Wie unter Afroamerikanern ist die Arbeitslosigkeit von Ostdeutschen etwa doppelt so hoch. Der Rest wird wie ehemalige Sklaven behandelt, die zwar die gleiche Arbeit machen dürfen – nur für weniger Lohn. Scheinbar frei, aber doch nicht ganz. »Seperate but equal.« Und entsprechend hart werden etablierte Privilegien verteidigt: Gegenüber dem *Bielefelder Institut für Konflikt- und Gewaltforschung* gibt die westdeutsche Mehrheitsgesellschaft regelmäßig an, ihr stünde grundsätzlich mehr zu als neu ins Land Gekommenen. Es gilt die alte Müller-Regel: Wer zuerst kommt, mahlt zuerst.

Wie im Dreieckshandel zwischen Europa, Afrika und Amerika der frühen Neuzeit preist die offizielle Wirtschaftsförderung Sachsens den menschenverachtenden Standortvorteil billiger Sklaven in der neuen Welt an: »*Made in Germany* hat seinen Preis«, wirbt deren Homepage, »*Paid in Saxony* fällt erstaunlich günstig aus.« Was man sich im verklemmten Westen über die Promiskuität des Ostdeutschen zusammenfantasiert, deckt sich in etwa mit dem, was Gloria von Thurn und Taxis für die Ursache von Aids in Afrika herausgefunden hat: Die »schnackseln« da eben gern. Zwar erkennt man ihre Leistungen beim Sport oder in der Musik an. Sie selbst aber sprechen nach wie vor einen eigenen Slang und teilen das solidarische Gefühl, eine zweitklassige Minderheit zu sein.

Zu erdrückend ist die Mehrheit. Allein Nordrhein-Westfalen hat so viele Einwohner wie alle ostdeutschen Kolonien zusammen. Unter den 500 vermögendsten Familien Deutschlands ist keine einzige aus Ostdeutschland, von den 17.000 Einkommensmillionären – die zugezogenen Fernseh- und Modeheinis in Potsdamer See-Villen einmal vernachlässigt – kaum einer. Wie seinerzeit in Vietnam verteidigen vor allem Ostdeutsche in Afghanistan die Freiheit der anderen. Seine Formulierung von der »Ossifizierung der Bundeswehr« nennt der Historiker Michael Wolffsohn im Nachhinein zwar »unglücklich«, aber immer noch eine »unbestreitbare Tatsache«, solange 20 Prozent der Bundesbürger etwa ein Drittel der Bundeswehr stellen. Und da ist noch nicht mal zwischen normal sterblicher Mannschaft und Offizieren unterschieden. Seit der Wehrdienst-Aussetzung dürften diese Verhältnisse noch unausgewogener sein.

Wie das mit der Problemprojektion auf die »Ostneger« funktioniert, zeigt auch ein Zitat, das mir in den Füller geschoben wird: Irgend so einem Schwätzer von der *Badischen Zeitung* gefiel es 2010, zum 20. Jahrestag der Unterwerfung seine rassistischen Vorurteile und Ost-Klischees zu einem »Neger der Nation« zu verquirlen. Unter dem Deckmantel der »Sprachkritik« tat er dabei so, als hätte der *Stern* dieses Bild zuerst benutzt. Tatsächlich zitiert er nicht mal seine Google-Quelle richtig, wo eine gewisse Iris Hut in ihrem Buch *Politische Verdrossenheit* einen meiner Artikel mit ihren eigenen Worten zusammenfasst, nach denen sich »Ossis« angeblich wie die »Neger der Nation« fühlen.

Selbstverständlich gehört weder das Wort »Neger« und erst recht nicht das von der »Nation« zu meinem aktiven Wortschatz. Aber bitte – auch das zählt zum typischen Verhalten der Dominierten –, tun wir den blassen Westlern den Gefallen: Ja, wir sind es. Gauck ist unser Alibi-Obama, Cindy aus Marzahn nur ein Pseudonym für Angela Davis und Frau Professor Miethe mein Martin Luther King. We shall overcome! Und natürlich: Keine Gewalt!

Januar 2013

> *»Ost ist Ost, West ist West,*
> *sie werden nie zueinander kommen.«*
> Rudyard Kipling, britischer Kolonialdichter,
> u.a. Das Dschungelbuch

Der Feind in mir

Westdeutsche können nicht schweigen, Ostdeutsche nicht laut genug »Schnauze!« sagen – ein Volk wird das nie. Also bleibt alles wie gehabt: Halb und halb so schlimm. Ein Schlussstrich.

Man kann Westdeutschen zehnmal erklären, dass Neubrandenburg nicht in Brandenburg liegt. Dass ihr Geld dort nicht versickert, sondern ihresgleichen dafür Denkmäler abschreiben. Dass Angela Gauck oder das Ampelmännchen nur Maskottchen sind. Und wahrscheinlich könnte man noch hundertmal schreiben, dass niemand die DDR wiederhaben will – schon weil ihr der Westen so ähnlich ist. Sie werden es nie ganz begreifen.

Man kann sie dafür auslachen oder bemitleiden, aber wie andere Menschen mit Handicap können sie damit wenig anfangen. Drei Jahre hat es mir trotzdem Spaß gemacht und auch ein paar Freunde gekostet, die sich vorher dafür hielten. So gesehen war es nicht ganz umsonst. Dennoch möchte ich nun langsam damit aufhören.

Nicht weil alles gesagt wäre, im Gegenteil: Bestimmt werden wir noch viel Freude mit dem Thema haben, mehr jedenfalls als miteinander. Es ist nur so, dass inzwischen Leute unvermittelt anfangen über West- oder Ostdeutsche zu schimpfen, sobald ich in der Nähe bin. Sie teilen mir ihre Erlebnisse in der Kaufhalle mit, im Urlaub oder auf Arbeit: »Stell dir vor! So ein richtig dummes Schwein ...« – etwa auf dieser Ebene und als würde mir das gefallen. In Wahrheit ist mir das eher unangenehm. Es ging immer um Völkerverständigung, nie um Tiervergleiche. Eigentlich habe ich auch keine Vorurteile, höchstens gute Gründe und lediglich 23 Jahre Erfahrung mit Westdeutschen. Im Grunde kennt man sich kaum.

Im Zweifel zuckten die gleichen Leute vor zehn Jahren noch zusammen, wenn Unterschiede in Mentalität, Verhalten oder beim Lohn nur angedeutet wurden. Inzwischen gehört nicht mehr viel dazu, die Dinge beim Namen zu nennen, die angeblich keine Rolle mehr spielen. Was mich aber verunsichert – und in Sachen Selbstsicherheit gibt es wirklich noch Nachholbedarf – sind die Erlebnisse, wenn ich irgendwo vorlese.

Manchmal erwarten ältere SED-Lehrer pausenlos Schenkelklopfer über doofe Westdeutsche und sind enttäuscht, wenn ich erst mal klarstelle, dass ähnliche Texte zu Ostzeiten unmöglich waren. Auch jüngere Zuhörer schockierten mich schon, indem sie plötzlich das Wort »Rassismus« in den Raum stellten. Schnell versicherte ich, dass ich kein Rassist sei, bis sich herausstellte, dass sie Ressentiments gegenüber Ostdeutschen meinten – gegen Leute in ihrem Alter um die dreißig und darunter. Am schlimmsten aber ist eine Frage, die ich jetzt schon dreimal hören musste: Mal ehrlich, wollte jeweils jemand wissen, ob ich nun von hier oder da stamme? Das trifft einen ins Mark, wenn man gerade 90 Minuten über die »von da« hergezogen ist. Zudem berührt es meine innersten Ängste.

Manchmal weiß ich nämlich selbst nicht, womit ich mehr hadern soll: mit den Resten von dem, was Ost-Kabarettisten seit ungefähr 100 Jahren einen »gelernten DDR-Bürger« nennen – oder mit dem knapp 23 Jahre alten Westdeutschen in mir, der sich für solche Sprüche schämt. Soll ich mich ärgern, wenn mir Rotzer den Stern von der Motorhaube brechen, oder mich daran erinnern, wie viele ich früher zur Leipziger Messe selbst erbeutet habe? Ist es meine Ost-Mangelseele, der kein Holzbrett zu alt und kein Quarkbecher zu unnütz vorkommt – oder schon der Einweg-Westler, der in einem Anfall alles wegwirft, was man irgendwann noch mal gebrauchen könnte? Und ganz ähnlich verhält es sich offenbar auch mit den Erfahrungen vor und nach 1990.

Je eine Hälfte meines Lebens habe ich hier wie da verbracht. Dazwischen dieses eine wunderbare Jahr, prägend und verbrämt, eigentlich nur ein paar Monate, die sich aber so anfühlten, als könnte das Volk tatsächlich mal das Volk sein. Anfangs dachte ich sogar, Demokratie wäre, nun ja, irgendwie demokratischer. Wie naiv. Wie enttäuschend! Und wieso gilt Verbitterung überhaupt als Vorwurf, wenn man im Rückblick ein dreckiges System gegen ein dreckiges System getauscht hat? Die sogenannte Wende war nur eine – wie meine segelnden Kollegen in Hamburg sagen würden – überstürzte Halse. Daher wohl auch der Plural: Wendehälse.

Selbstverständlich gehöre ich auch dazu: Ich verbiete meinen Kindern dummdreistes Westfernsehen auf RTL2 und komme mir dabei wie ein alter Staatsbürgerkundelehrer vor. Hin und wieder sortiere ich ein paar Bretter im Keller aus, aber habe immer noch genug vor dem Kopf, um davon zwei Wochen heizen zu können, falls der globale Westen morgen den Iran bombardiert. Bei Redaktionskonferenzen trage ich mein ältestes Clash-T-Shirt, damit der »Punk« noch nicht ganz »dead« ist. Aber unter Hemd und Sakko sieht es keiner. Und wenn ich in der Kaufhalle stur in meiner Schlange bleibe, obwohl die zweite Kasse aufmacht und alle rüber machen, finde ich das genauso lächerlich wie die Hast der anderen. Die Letzten bleiben – das immerhin hat die Ost-West-Annäherung in jeder Richtung gelehrt – eben manchmal auch die Letzten.

Es fällt mir deshalb zunehmend schwer, launige Sätze über einheimische Küchenkräfte auf Usedom zu schreiben, die dort bei westdeutschen Kur-Konzernen so wenig verdienen, dass sie mit Hartz IV aufstocken müssen. Ich muss vielmehr auf meinen Blutdruck achten, damit ich nicht selbst irgendwann zu den maßlosen Gewinnen dieser Kliniken beitrage. Wer mit seinem Ellbogen Arschgeige spielt, soll mir nichts mehr von Freiheit erzählen. Ohne das Gegenteil zu kennen, hat er sowieso keine Ahnung.

Was zwischen Ost und West läuft, ist nicht mehr lustig. Man kann es auch arm und reich nennen, oben oder unten – das großspurige »Schnauze!« war oft nur eine Krücke. Vermutlich gibt es auf der Welt sogar größere Ungerechtigkeiten als durchschnittlich 30 Prozent weniger Lohn. So gesehen geht es selbst Ostdeutschen noch gut, weil es immer einen globalen Ossi gibt, dem es noch schlechter geht. Und historisch war sich Deutschland ohnehin selten einig – zum Glück, denn es ging nie lange gut: Solange sich Kaiser mit Fürsten kloppen, Katholiken mit Protestanten, ostdeutsche Hooligans mit westdeutschen, haben wenigstens die Polen Frieden.

Mit einem Wutanfall über das Geschwafel von der deutschen Einheit fing diese Kolumne an. Achselzuckend fresse ich die Dinge nun lieber wieder in mich rein. Wenn es nicht unbedingt raus muss, werde ich lächeln und undurchschaubar nicken. Davor haben sie am meisten Angst: Dass da etwas brodelt und schweigt – vor der Exotik des Fremden. Wie sonst soll man verhindern, dass westdeutsche Leser und Rezensenten einem auch noch Recht geben? Die empörte Neugierde ihrer Frauen ertragen? Oder sehen sie selbst bei Lesungen nur das Sex-Objekt? Besser als nichts.

Selbstverständlich nutze ich das nicht aus, sondern begnüge mich mit ein paar Handtüchern und was man aus Hotels im Westen sonst noch so gebrauchen kann. Manchmal fürchte ich sogar, weder »Ossi« noch »Wessi« zu sein, sondern ein Messi. So ist das mit dem Selbstverständnis: Es hat alles keinen Zweck ohne vernünftigen Zweck. Ob man zu ihnen Schnauze sagt oder Westdeutschen einen zweite Chance gibt: Am Ende meine ich doch nur mich selbst. Es ist Autoaggression.

Februar 2013

Bibliografische Information der Deutschen Nationalbibliothek

Die Deutsche Nationalbibliothek verzeichnet diese Publikation in der Deutschen Nationalbibliografie; detaillierte bibliografische Daten sind im Internet über https://portal.dnb.de abrufbar.

Erstveröffentlichung der Kolumnen: www.stern.de

Verlagsgruppe Random House FSC-DEU-0100
Das für dieses Buch verwendete FSC-zertifizierte Papier
EOS liefert Salzer Papier, St. Pölten, Austria.

1. Auflage, 2013
Copyright © 2012 by Gütersloher Verlagshaus, Gütersloh,
in der Verlagsgruppe Random House GmbH, München

Dieses Werk einschließlich aller seiner Teile ist urheberrechtlich geschützt. Jede Verwertung außerhalb der engen Grenzen des Urheberrechtsgesetzes ist ohne Zustimmung des Verlages unzulässig und strafbar. Das gilt insbesondere für Vervielfältigungen, Übersetzungen, Mikroverfilmungen und die Einspeicherung und Verarbeitung in elektronischen Systemen.

Umschlagmotiv: © Chris Collins/Corbis
Druck und Einband: CPI Moravia Books, Korneuburg
Printed in Czech Republic
ISBN 978-3-579-06642-4

www.gtvh.de